大腦熱愛的速效學習

睡不著時
可以看的
經濟學

監修
木暮太一
Taichi Kogure

麵包
1000万円

麵包
100→20円

瑞昇文化

「經濟學就是將我們的日常生活以理論匯整而成」

很多人都會覺得「經濟學有好難的算式、圖表，完全無法理解」，特別是文科的學生，對於算式、圖表解析這些屬於理科的領域，更是感到力不從心。

然而，經濟學只不過是將人們每日日常生活的經濟活動加以理論化而已。說得再簡單一點，我們每日都在購物，這也是一種經濟活動。經濟學就是將這一類經濟活動一個一個加以理論化的學問。只是，為了「證明」理論，必須運用算式和圖表，也因為如此，才會被人們認為是門困難的學問。

有鑑於此，本書為了讓不擅長經濟學的人們也能迅速理解，以插圖和簡潔明瞭的文章進行簡單易懂的解說，從「經濟學到底是什麼？」的疑問起頭，一口氣學習企業的經濟活動，以及國家的經濟、政治和經濟的關聯性等範圍廣泛的經濟學相關主題。

　再者，本書在針對各個主題的理論進行說明時，幾乎都不會運用算式和圖表。與其追求理論的證明，不如針對這理論與我們的生活有什麼樣的關聯在意義跟內容上加以解說。此外，本書中也會將電視新聞中常見的全球化、TPP協定、公平交易、行為經濟學等最新的經濟用語和經濟動態進行廣泛性的說明。

　順帶一提，經濟學不只是學生要學習，也是商務人士必學的學問。光是在電視、報紙、新聞網站上所接觸到的經濟相關話題不計其數，就能從中體會到學習經濟學的思維有多麼重要吧！

　若能培養自己對於經濟的敏感度，也會大幅影響對於這個世界的看法，這就是本書誕生的初衷。

　另外，對於想要學習經濟學的讀者，在此也推薦您閱讀筆者撰寫的《大学で履修する入門経済学が1日でつかめる本》、《落ちこぼれでもわかるミクロ経済学の本》《落ちこぼれでもわかるマクロ経済学の本》（全為マトマ出版）。

　　　　　　　　　　　　　　　　　　　　木暮太一

大腦熱愛的速效學習

睡不著時可以看的經濟學

Contents

Chapter3 ||||||||||||||||||||||||
與市場密不可分的
經濟學

Chapter6 ||||||||||||||||||||||||
瞭解全球化經濟結構

與生活息息相關的
經濟學

為了深入理解經濟學，首先我們要先針對生活周遭相關的經濟學進行考察。在本章中可以學習到經濟學的基本原則。

經濟學❶
01 何謂經濟學？

一說到經濟學，會給您什麼樣的印象呢？有些人會認為「學問高深，感覺很難」，在此就用能讓您容易理解的方式說明。

經濟學中常會有與金錢息息相關的用語出現，但並非是和賺錢相關的學問。經濟學的目的是分析「資源要如何作有**效率**的配置」，提出假設並以學說理論作為應證。順帶一提，這裡所說的資源，並不只是石油及天然氣等等的「原料」，而是連「勞動力」及「個人時間」等等，**所有和交易相關的事物皆視為「資源」**看待。

經濟學基本概念① 資源配置

資源是由全世界的人共享的

資本

物品

coffee

服務

技術

勞動力

◎ **經濟學主要課題是解決資源配置的問題**

土地、資本、勞動力、石油、服務等生產資源皆為有限。由於資源稀少，因此會產生配置的問題。

那麼接下來說明「**資源配置最適效率**」，假設有兩間超市毗鄰而建，蘋果售價分別以100日圓和70日圓出售。在此情況下，我們認為誰都會選擇70日圓的蘋果，但如果一個賣100日圓的超市就在附近，而一個賣70日圓的超市是在開車三小時車程才能抵達的地方時又是如何呢？若是考量「時間」這個資源，選擇一個賣100日圓的超市是最適合的。

經濟學基本概念② 權衡取捨

價格的比較

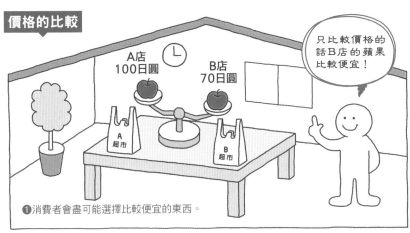

只比較價格的話B店的蘋果比較便宜！

A店 100日圓　B店 70日圓

❶消費者會盡可能選擇比較便宜的東西。

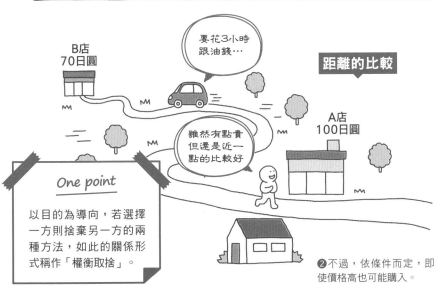

距離的比較

B店 70日圓

要花3小時跟油錢…

A店 100日圓

雖然有點貴但還是近一點的比較好

One point

以目的為導向，若選擇一方則捨棄另一方的兩種方法，如此的關係形式稱作「權衡取捨」。

❷不過，依條件而定，即使價格高也可能購入。

人們在購物時的
大前提①

理論上，經濟學是針對金錢相關事物進行研究的學問。其中，所謂「效用」是以人們的滿意度為衡量標準而定義。

一般來說，當人在無意識中進行購物時，常會運用到經濟學中的理論。例如去吃迴轉壽司時，當看到鮪魚握壽司和鐵火卷轉到眼前時，選了鐵火卷。在選擇的時候，以潛意識來**決定的大前提是以「滿足感」的主觀感受進行抉擇**。經濟學中稱之為**「效用」**，所有行動的原理，都以儘量提高「效用」作為考量。

我們的目的在於將提高「效用」

因為我很喜歡
海苔卷，所以
來吃鐵火卷吧

嗨，
歡迎光臨

效用5

效用1　　效用0

◎ 效用大小是關鍵

「滿足感」的高低會左右人們的行動。經濟學中稱此為「效用」，人們都想要將效用最大化。

如果相較於鮪魚握壽司還更喜歡鐵火卷時，前者的效用為「1」，後者的效用為「5」，或許我們可以像這樣以數值化來表現。雖然經濟學被認為是對金錢的周密研究，但是**金錢單純為購買物品的手段**。購入物品能得到多少滿足感，被視為能獲得多少效用。即便如此，但效用還是會因人而異，出現很大的差別。各種選擇的優缺都沒有絕對的標準可衡量。

金錢只不過是一個手段，各個「效用」都有很大差別

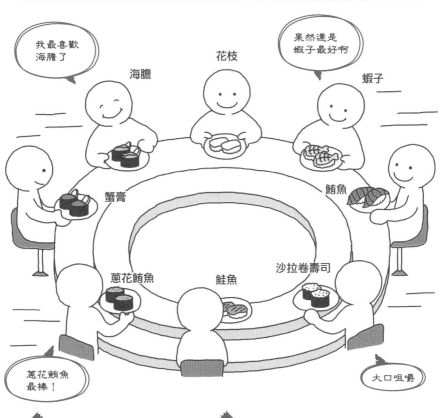

One point

經濟學不只是談金錢，而是著重於由金錢購買物品所得到「效用」的高低。只是效用會因個人主觀而有所差異。

相同的金錢價值會因「效用」高低而有所不同。

人們在購物時的
大前提②

人們都各有喜好，經濟學中將「喜好」稱為「偏好」，於有限的所得範圍內，按順序進行購物。

和蕎麥麵相比更喜歡烏龍麵，比起天婦羅更愛好壽司，人們一定都各有所好，以各自的標準來作出評價。此在經濟學中稱為「**偏好**」，是消費的一個指標。只是不可能所有喜歡的東西都能選擇。除非是有錢人，不然可以用的金錢都有限制。這**稱作「預算限制」，代表收入和支出的關聯性**，會影響人們在消費時的選擇。

「偏好」會面臨預算限制

以購物舉例說明，如果購物當下預算不多，當然買不到什麼東西。然而，有充分預算時，選擇項目也會增多，狀況也會不同。經濟學就是媒合「偏好」、前面提到的「效用」，以及「預算」等條件，**以科學方式解開「加了什麼條件，最適消費量會如何變化呢？」這種問題的學問。**

預算增加，偏好也會改變

所得變化後預算限制的放寬，使消費量也發生變化。

04 第一杯啤酒好喝的理由

與消費的提升成反比，讓效用發生減少的情況，這就是邊際效用遞減法則。吃東西也好，購物也好，在日常生活中的各種場面都能切身體會。

在工作之後將冰涼的生啤酒暢快一乾而盡。沒有比這樣的暢快感受還要幸福的瞬間了。不只是啤酒，購買商品時，也一定會得到滿足感。特別是在最初進行消費時滿足感會比較高。那麼，第二杯以後會怎麼樣呢？在經濟學中將**再喝一杯啤酒時的滿足感**稱為「**邊際效用**」，其中有一大原則。

邊際效用遞減法則

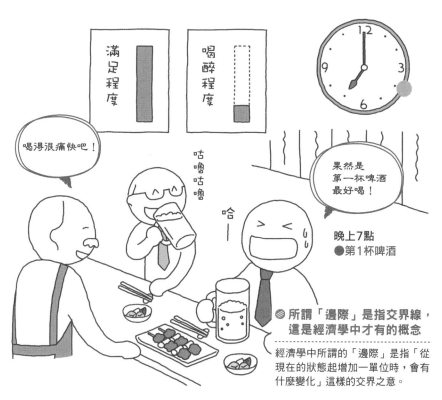

喝得很痛快吧！

滿足程度

喝醉程度

咕嚕咕嚕

哈一

果然是第一杯啤酒最好喝！

晚上7點
●第1杯啤酒

◉ 所謂「邊際」是指交界線，這是經濟學中才有的概念

經濟學中所謂的「邊際」是指「從現在的狀態起增加一單位時，會有什麼變化」這樣的交界之意。

啤酒會隨著續杯而讓感受好喝的滿足感漸漸降低。效用雖會增加但增加幅度會有逐漸遞減的傾向。這就是經濟學中所謂的「**邊際效用遞減法則**」。「遞減」指的是逐漸減少的意思。還有邊際效用即使變低，**從消費中得到的整體滿足程度總數也會微量地增加**。也就是說雖然邊際效用會逐漸減少，但整體的滿足程度並不會降低。

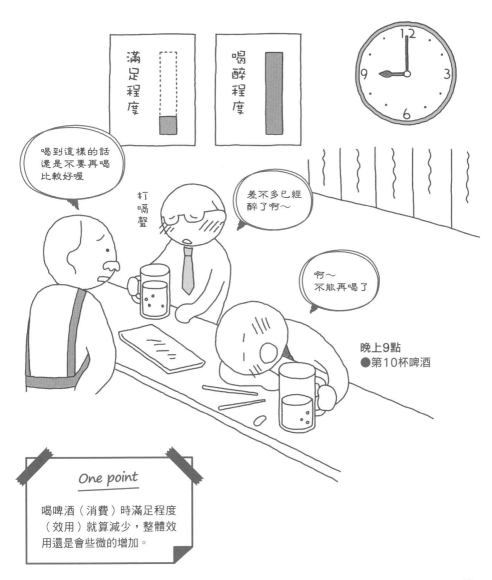

晚上9點
●第10杯啤酒

One point

喝啤酒（消費）時滿足程度（效用）就算減少，整體效用還是會些微的增加。

商品的價格
是如何決定的呢？

經常在變動的價格，決定於賣方和買方之間類似相互抗衡、討價還價的
關係。這也和資源有限有關。

市場上有價格高、價格低的商品，也有時而漲價、時而跌價的商品，在所有商品上附加的價格，取決於經濟學所稱的「**稀少性**」，亦即**資源是有限的**。來舉個簡單易懂的例子，人類沒有水就無法生存下去。買一瓶500毫升的瓶裝水通常約100日圓左右。不過，這是城市裡才有的狀況。在水源無法確保的沙漠中，也有可能付1萬日圓才能買到。

「稀少性」＝商品及服務不足的狀態

水一瓶
1萬日圓

把…把水賣給我～
喉嚨快乾裂了～

稀少程度高時價格就會提升

西元1973年發生了石油危機，中東的產油國家決定將原油價格調漲70%以上，石油製品的價格也跟著翻漲。這也造成之後會買不到衛生紙的傳聞四起，引發瘋狂購買的騷動。因此衛生紙在市面上被搶購一空，而且售價從當時一包140日圓一口氣飆漲至2倍以上的一包400日圓。正所謂**供給減少且需求增加時，價格也就跟著逐漸上漲**。

「稀少性」程度高時，就算市場價格高漲仍會有需求

One point

需求增加會促使企業進入市場，就結論來說，供給更多的資源就是經濟的基本架構。

經濟學①

06

在費用中
存在著無形的成本

您知道伴隨著經濟活動中一定會產生的成本,除了有形的一般「成本」,還有無形的「機會成本」存在著嗎?

COST,亦即「成本」是理解經濟學時不可或缺的考量點。**人們於日常生活中或是企業在營業活動時,必定會產生成本**。個人購買物品的購買金額在家計上也被視為成本。企業本身於生產、販賣商品的經濟行為中,也會出現人事成本、進貨成本、租賃成本等各種成本。這些就是所謂的有形成本。

經濟活動中必定產生的「成本」

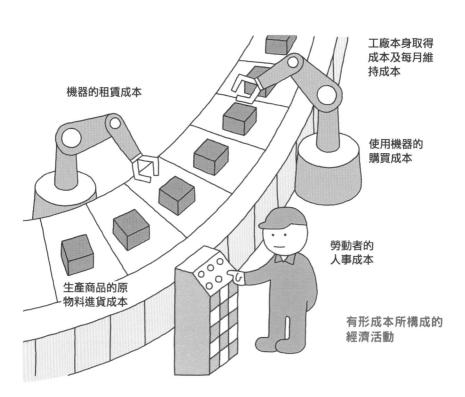

工廠本身取得成本及每月維持成本

機器的租賃成本

使用機器的購買成本

勞動者的人事成本

生產商品的原物料進貨成本

有形成本所構成的經濟活動

另一方面，在經濟學中也有所謂的無形成本，那就是「**機會成本**」，是指作出其他行動最多能獲得多少利益。例如，有位A君擁有優秀的電腦技能，接獲了日薪3萬日圓的工作機會，但懶散的A君拒絕這項工作邀約而選擇玩樂。這種情況下，若**承接此工作時應該能獲得的3萬日圓即為機會成本**。

機會損失時，可能失去的最大利益稱為「機會成本」

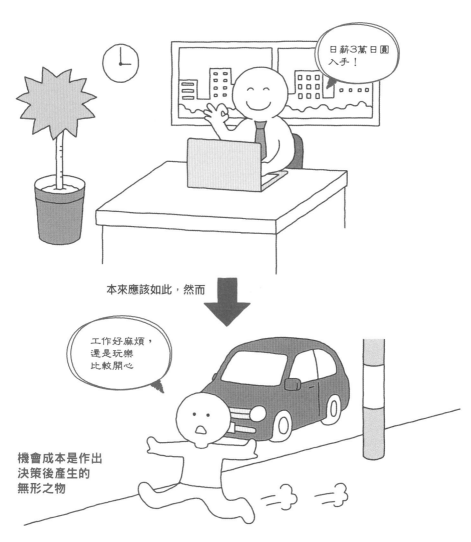

日薪3萬日圓入手！

本來應該如此，然而

工作好麻煩，還是玩樂比較開心

機會成本是作出決策後產生的無形之物

07 從咖啡和紅茶看經濟學

依照存在代替品，或是密切相關的商品特性等條件，有時會有價格和需求之間相互影響的情況。又稱為「替代品」和「互補品」。

「**替代品**」這個用詞經常被經濟學所使用，簡而言之，當商品A的價格高時，商品B可取而代之。啤酒和發泡酒之間的關係亦是如此。在個體經濟學中舉個替代品的實例可以用咖啡和紅茶的關係來說明。也就是說，當咖啡價格較貴時，就可以**選擇相對便宜的紅茶**，需求量就會由咖啡移至紅茶。

價格改變時，商品的影響力也會改變

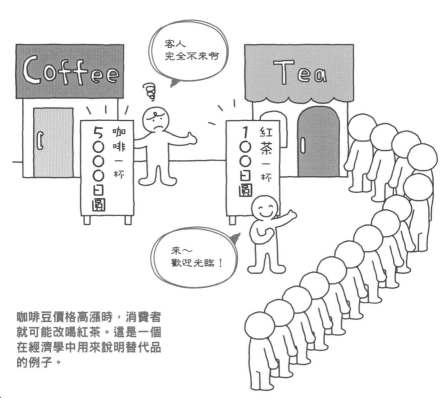

咖啡豆價格高漲時，消費者就可能改喝紅茶。這是一個在經濟學中用來說明替代品的例子。

另一方面，「**互補品**」可說與替代品有著完全相反的相關性。例如，DVD光碟與DVD播放器即為如此。DVD光碟價格若有下跌，對DVD播放器的需求也會增加。就像這樣，物品大多都會具備某種程度的替代性和互補性。替代品最大的特性在於**若有一方的物品價格上漲（或降低）時，另一方的物品需求也會隨之增加（或減少）**。

價格的降低也會使購買量增加

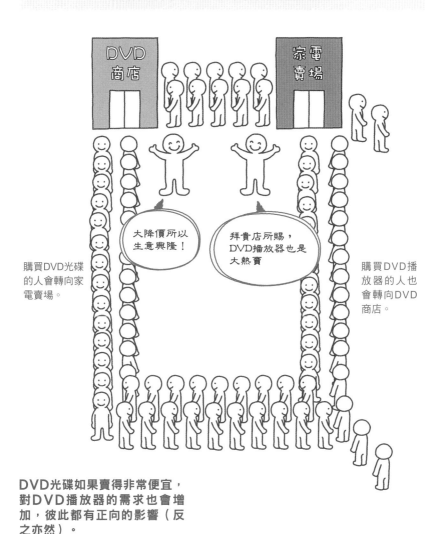

購買DVD光碟的人會轉向家電賣場。

大降價所以生意興隆！

拜貴店所賜，DVD播放器也是大熱賣

購買DVD播放器的人也會轉向DVD商店。

DVD光碟如果賣得非常便宜，對DVD播放器的需求也會增加，彼此都有正向的影響（反之亦然）。

經濟學❶

08

薪水調漲時
帶來的增減①

如果可消費的金錢增加時，個人手頭也會較為寬裕，企業雇主也會有所
變化。我們以經濟學來說明需求和供給間不可思議的關係。

要理解經濟學時必須先釐清的項目就是「需求」和「供給」。若解讀成**商品買**
方和賣方就更容易了解了。您知道這兩者之間存在一定的法則嗎？首先需求會
隨著商品價格上漲而減少，反之，價格下跌時需求就會增加。以縱軸為價格，
橫軸為需求量，描繪出需求圖，**需求曲線**會呈現由向右下移動的方向。另一方
面**供給曲線**隨著價格上升會呈現向右上移動的方向。

薪水調漲時增加的需求曲線

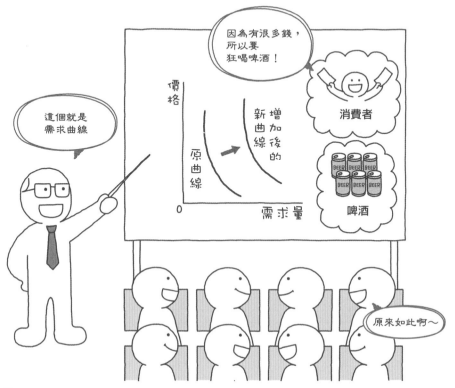

此外，也有別的原因會造成需求和供給的變化，像是工資。假設全體日本國民薪資調漲時，每晚一杯的啤酒也會增加成二杯。當工資調漲而價格不變的情況下，對於啤酒的需求絕對數量也會增加。另一方面，當勞動工資調漲，企業為了減輕其所帶來的人事成本負擔，啤酒生產量也會減少。這理論即展現了**需求與供給的變化對於市場全體來說會造成影響**。

薪水調漲時減少的供給曲線

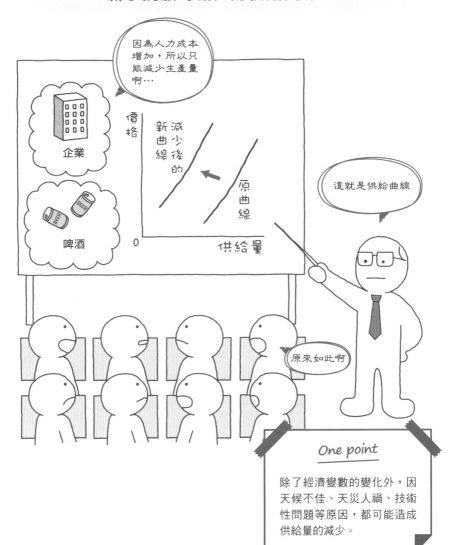

One point

除了經濟變數的變化外，因天候不佳、天災人禍、技術性問題等原因，都可能造成供給量的減少。

經濟學❶

09

薪水調漲時
帶來的增減②

經濟學中所謂的價格不只是表示商品本身的價值，也與消費者的經濟狀態密切相關，也會對消費量有所影響。

假設您轉職成功。年收入多了將近1倍。到現在為止每年喝一瓶就感到滿足的高級品牌葡萄酒，現在變成每週都喝，消費量增加。這種情況下，葡萄酒稱為「**高級財**」（或稱為正常財）。經濟學中認為，**實質所得增加時，這類商品的購買量會增加，實質所得減少時，商品購買量會減少**。

隨著所得水準上升，消費量也會增加的「高級財」

因為事業成功，隨時都可以喝很愛的葡萄酒

高級財一般多指高品質的物品。

另一方面，假設能自由運用的金錢變多，手頭變寬裕的您，已不再每天喝作為葡萄酒替代品的燒酒。這時燒酒即為所謂的「**劣等財**」。劣等財的消費情況為**實質所得增加時，商品的購買量會減少，實質所得減少時，商品購買量會增加**。隨著年收入的增加或降低，消費也會跟著改變，影響到經濟的整體表現。

隨著所得水準下降，消費量也會增加的「劣等財」

劣等財一般多指品質相對較低的物品。

One point

所得增加的寬裕生活會實際反映於消費行為上，也會增加購買高級財，在經濟學中，將其定義成與劣等財形成對比關係。

27

經濟學❶
10

廉價購得物品時
發生的現象

這裡所說的所得和價格的變化，會讓消費者的需求增加，現在就針對這二種效果進行解說。

如果平時吃的香蕉消費量不變，而加薪後讓收入增加的話，這時像是草莓等其他水果的消費應該也會增加吧。**如此一來下次香蕉的消費量也會再度增加**。那是因為所得改變後最適配置也會改變。如此一來所得的增加會給消費增加帶來相乘作用，在經濟學中將此定義為「**所得效果**」。

相乘作用的消費增加之「所得效果」

在社會上出人頭地，薪水提高後吃得起草莓了，結果還是吃了很多香蕉。

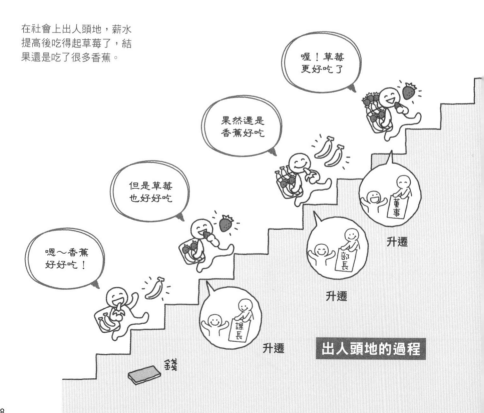

喔！草莓更好吃了

果然還是香蕉好吃

但是草莓也好好吃

嗯～香蕉好好吃！

董事

升遷

部長

升遷

課長

升遷

出人頭地的過程

另一方面，即使收入沒有增加，但是香蕉的價格下跌，可以用比平常更便宜的價格購得時，香蕉的消費量也會增加。與其購買草莓，購買香蕉相對較為划算。這就是所謂的「**替代效果**」。**就結果而言，價格下跌和所得增加有相同的作用。**經濟學中所得和價格的變化，對消費者需求所帶來的影響，可分成所得效果和替代效果兩類。

商品價格變動時購買量也會變化之「替代效果」

因為香蕉價格下跌所得到的滿足感增加，結果還是吃了很多香蕉。

※就算收入沒有增加，相對來說物品價格的下滑就會呈現出替代效果。

11

越便宜卻越不會買的物品

世上有價格越高可以賣得越好，也有變便宜就賣不好的東西。這樣的消費動向的予盾在經濟學裡也有作出分析。

經濟學中有提及矛盾的消費動向。經濟學家季芬提出的**季芬財**，是指在**價格上漲時需求會增加，價格下跌時需求會減少的東西**。假設以馬鈴薯為主食，當它價格上漲時，也沒有餘力購買其他食品，人們就只會購買馬鈴薯而已。反之，若馬鈴薯價格下跌，則有餘力購買其他食品，結果對馬鈴薯的需求也減少了。

價格下跌時，需求也會減少的季芬財

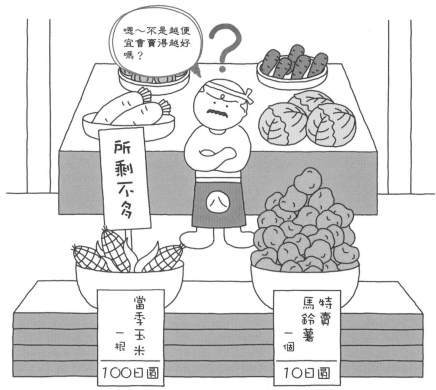

炫耀財（亦稱韋伯倫財）是指所得越高，需求越多的物品。美國經濟學家韋伯倫留意到靠利息過生活的富裕層級會「為了成為矚目焦點」、「為了炫耀」，而購買高價商品的現象，故以其名命名。在此之前人們認為價格下跌會導致物品需求增加，事實上也有**價格越高需求因此增加的物品**。

價格越高，需求也會增加的炫耀財

One point

價格越高，需求增加的季芬財，並非所有物品都具有此特性，而是與物品本身具備稀少性和供給不穩定等特性有關係。

經濟學❶

12

「開心」
也是了不起的經濟學

基於需求與供給的均衡來決定價格時，和「開心」有很大的關聯，這會
決定消費者的錢包是會大方敞開還是會看緊。

消費者於經濟方面開心程度的衡量標準，在經濟學中稱為「**消費者剩餘**」。舉
例而言，若您想要買一頂帽子，在一家帽子專賣店裡剛好有看到自己想買的帽
子款式。您認為買一頂帽子，可以付3萬日圓也無妨，確認價格標籤後發現售
價比原本預想的還少1萬日圓。這之間**2萬日圓差額的「開心」**就稱為消費者
剩餘。

「消費者剩餘」的觀念

帽子專賣店 HAT

找到我理想中的帽
子了。這頂帽子我
願意花3萬日圓買
下！

實際價格才1萬
日圓，省了2萬
日圓好划算！

最高願意支付額的3萬日圓扣除售價1萬日圓
後的差額就是「消費者剩餘」。

順帶一提，在經濟學中，消費者剩餘並非個人消費者所得到的剩餘，而是指全體消費者所得到的剩餘。例如，有四位消費者都要買10000日圓的帽子。各自願意支付的最高金額不同，A先生為20000日圓，B先生為15000日圓，C先生為13000日圓，D先生為10000日圓。**這四位的消費者剩餘合計數**就是帽子市場整體的總消費者剩餘。

「消費者剩餘」是根據整體市場來衡量

每個剩餘數的加總即為市場的消費者剩餘。

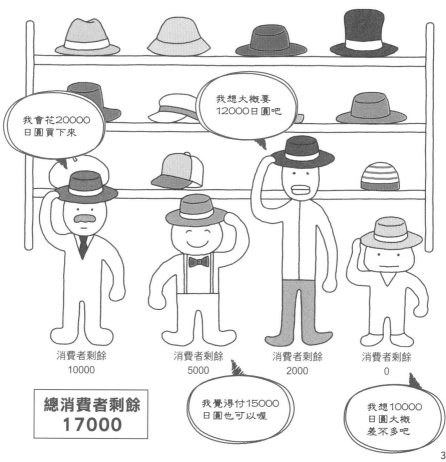

column no.01

個體經濟學與
總體經濟學之間的差別

　　經濟學可分成二大類別：個體經濟學與總體經濟學。個體指的是微觀的，總體代表是宏觀的，每個分析目的都有所不同。

　　個體經濟學上，係針對日常生活中物價變動等因素對於企業及家庭的消費行為有何影響，作為分析對象。相對地，總體經濟學是以通貨膨脹、失業、經濟成長等全體國民經濟的數據資料作為分析標的。再者，個體經濟學和總體經濟學之間具有相互補足的關係，即使以宏觀立場進行分析時，在某種程度上也需要站在微觀的角度上來檢視。

　　也就是說，從雙重角度切入，「經濟學」這門學問才得以成立。因為兩者都有學習的必要性，因此在本書中並未明確劃分個體經濟學和總體經濟學。

與企業
密不可分的經濟學

以營利為目的,根據一定的計畫從事經濟活動的企業。我們將思考該企業和經濟學之間會產生怎樣的連結關係。

經濟學❷
01 何謂企業？

支持社會，且被社會所支持的企業為經濟社會的基礎。企業存在的最終目的為何呢？在此為您解說站在經濟學角度檢視的觀點。

就經濟社會的主體而言，企業也扮演其中一個角色。多數人被企業以職員身分雇用，企業購入土地、建築物、器具、機械，或是藉由租賃取得來進行生產活動，產品及服務也會在企業之間進行交易，活絡整體經濟脈動。**如果沒有企業，所有日常生活基礎建設都無法成立，造成社會混亂。**也就是說，企業在經濟活動扮演著重要的角色。

企業活動的意義

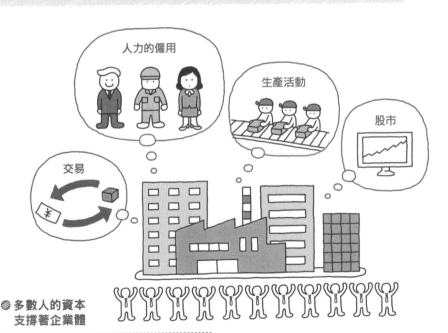

人力的僱用

生產活動

股市

交易

◎多數人的資本
支撐著企業體

被人們支援，以集體方式進行經濟活動的企業，
同時也支援人們一起成長。因為規模龐大，所以
是依照長期階段計畫來營運的。

那麼**企業的目的及存在意義**是什麼呢？包括社會貢獻、經濟的活化、勞務對價的補償回饋、股東的利益保證等，有著各式各樣的意見。但根本上毫無疑問地就是為了「**追求長期利益**」。正因為能持續獲得利益，才能滿足雇員經濟上的要求、對社會做出貢獻以及符合股東的期待等。

企業最終的目的為何？

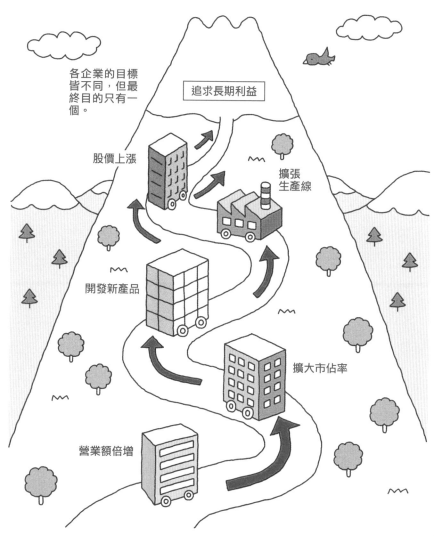

各企業的目標
皆不同，但最
終目的只有一
個。

追求長期利益

股價上漲

擴張
生產線

開發新產品

擴大市佔率

營業額倍增

生產量和生產費用（成本）的最適化為何？

企業的課題是以追求成本最小化及營業額極大化為目標。但是依員工工作的方式而異，可能也會產生只有工資增加的情況。

在經濟學中，可以從生產與成本兩個角度來掌握企業活動。勞動力或資本等與生產相關的要素和生產數量間的技術關係，就是以「**生產函數**」呈現出饒富趣味性的分析結果。為了提高產量，即使增加某一項生產要素，也會讓生產初期階段的生產效率變差，導致產能減少，這就稱作**邊際產量遞減理論**。

勞動力規模和生產效率不符比例的理由

即使增加2人的勞動力，生產量仍無法到達3倍。

儘管如此，企業仍以追求利潤最大化和成本最小化為目的，也企圖使產量最大化。但是**當產量超過一定程度，產能也高於適當基準時，生產效率就會變差，因而造成成本增加**。因此，用來表示生產時最低程度必要開銷的就是**成本函數**，以曲線表示者則為**成本曲線**。

工作時間和生產力不合比例之「成本曲線」的一個範例

唉呀～只會增加加班費，這樣對公司沒好處啊

啊～好想睡

鼾聲作響

ZZZ

呼呼大睡

◎**即使讓勞工長時間工作也有可能不會增加生產量**

強迫長時間勞動，也未必產量就能提高。不只如此，還會因此支出加班費，反而讓成本增加。

經濟學❷
03 工資是如何決定的呢？

以成本管理來控管會隨產量變化的利潤，這一點相當重要。若是不這麼做的話，員工的薪資就無法增加。

在此篇中，介紹企業要如何實現**利潤最大化**，營業額亦即銷售收入是由產量乘上市場價格而決定。一個商品的生產成本，取決於該商品的生產數量來決定。也因為如此，關於營業額扣除總生產成本後的利潤，企業必須判斷最多應該為它投注多高的生產量。

企業銷售收入的利潤結構

此外，在決定為此利潤投入最高生產量時，企業必須把握**邊際收益和邊際成本的相關性。邊際收益為生產一個產品時獲得的收入，而邊際成本為生產一個商品時投入的成本。**當邊際成本大於邊際收入時，生產時會發生虧損。並非增加產量就能解決的。

邊際成本的概念

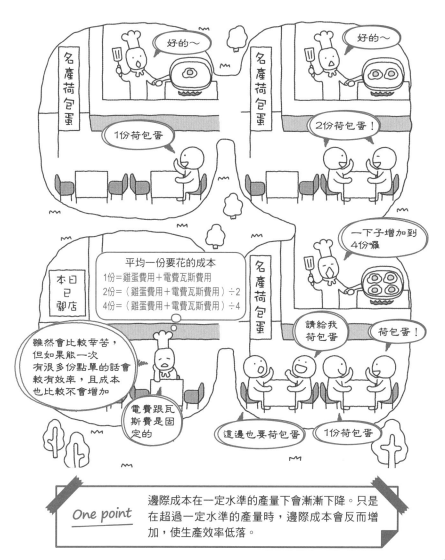

名產荷包蛋

好的～

1份荷包蛋

名產荷包蛋

好的～

2份荷包蛋！

一下子增加到4份囉

名產荷包蛋

請給我荷包蛋

荷包蛋！

平均一份要花的成本
1份＝雞蛋費用＋電費瓦斯費用
2份＝（雞蛋費用＋電費瓦斯費用）÷2
4份＝（雞蛋費用＋電費瓦斯費用）÷4

本日已關店

雖然會比較辛苦，但如果能一次有很多份點單的話會較有效率，且成本也比較不會增加

電費跟瓦斯費是固定的

這邊也要荷包蛋

1份荷包蛋

One point　邊際成本在一定水準的產量下會漸漸下降。只是在超過一定水準的產量時，邊際成本會反而增加，使生產效率低落。

經濟學② 04

市場中的商業交易
是人人都可參與的嗎？①

經濟學裡所謂的理想化市場，係指具備人人都可以自由地進行買賣交易的環境。如此一來，方能促進資源和物品的有效運用。

賣方與買方為數眾多，時常相互為競爭關係，依需求與供給之間的均衡決定的價格，藉此成立買賣交易的市場稱為**完全競爭市場**。完全競爭市場的成立，必須滿足以下四項條件：**市場參與者眾多、產品品質具同質性、商品相關資訊透明化、人人皆能自由地參與或退出商業交易**。

完全競爭市場四要件

◉ **自由參與和退出市場**

人人皆有從事或放棄商業交易的自由。

◉ **完整資訊**

所有的消費者與生產者之間對於產品資訊並無落差。

好！開始開店囉

喔？聽說這間店的商品不錯

今天要停業了，先前的過程好開心

好多店都有賣麵包，每一個都好像很好吃

在如此條件下，假設有賣方店家提高咖啡的售價，買方就不在這家店消費，而是尋找價格更便宜的店家。另外，如果有買方欲購買較便宜的蘋果，賣方也可以另尋其他顧客，以原訂價格販售。也就是說，**由於買方和賣方為數眾多，能促成雙方的公平交易**。這就是所謂的完全競爭市場。

One point

跳脫「完全競爭」的假設定義下，每個人的行動能夠支配「價格」。這就形成獨占狀態等非公平關係的「不完全競爭」市場。

完全競爭市場舉辦中

有好多店家，每一家都很便宜啊

◎ 商品同質
市場中買賣的產品並無差異性存在。

◎ 無數的交易主體
有無數的消費者和生產者，沒有人能夠支配價格。

今天市場也有很多客人光顧呢

經濟學②
05

市場中的商業交易 是人人都可參與的嗎？②

當市場只被一家公司或少數企業所支配，可能會使市場經濟的公平機制 無法發揮作用。這時就會稱此市場為獨占市場或是寡占市場。

世上也有與完全競爭市場互為極端的市場，那就是獨占市場，意指市場內只有 一家企業可供給某物品。由於沒有其他競爭廠商，**獨占企業**擁有「價格支配 力」，可以自由地控制銷售價格，得以追求利潤最大化。因此，在獨占市場 中，**即使價格調高，因不具備競爭廠商之間的競爭性，產量也會有變低傾向。**

獨占企業與寡占企業

獨占企業

特定市場內只有一家企業經營並具 備「價格支配力」。由於沒有競爭 廠商，可以大賺一筆，為消費者並 不樂見的情況。

在這座島上 作生意 好像很困難啊

再者，市場中有少數企業具備「價格支配力」的狀態，稱作為「寡占」。同為**寡占企業**的廠商會策略性地相互行動，那是因為在決定價格和產量時，**不得不考量對方會如何反應**。不論獨占或寡占市場都會有很多問題產生，像是價格的上漲、品質的低落、還有其他廠商無法自由進入這個市場，產生進入障礙。

寡占企業

特定市場中，限定只有少數幾家企業，與獨占企業一樣擁有「價格支配力」。和其他競爭的寡占企業之間，會展開價格和品質的競爭。

這個島似乎也無法有什麼新的生意

One point

一旦持續獨佔狀態，制定價格就會產生不公平和不成文規定，為規制個人獨佔與不公平交易，很多國家都設有「獨佔禁止法」。

經濟學❷ 06

價格是由誰決定的？

在完全競爭市場中沒有人能控制價格。由供需雙方的效用和利潤的最大化導出自由市場經濟。

前面提過完全競爭市場是由供需均衡而決定價格。在此作出更詳細的說明。假定生產者有供給曲線，而消費者有需求曲線，供給曲線為隨價格上揚而增加供給量、往右上方移動的曲線。相對地，需求曲線為隨價格下跌而讓需求量增加、往右下方移動的曲線。**此兩曲線會相交於一點**，即為市場的均衡點。

萬一價格調整瓦解時會如何呢？

市場均衡點為「消費者效用最大化的需求量」與「企業對於利潤最大化的供給量」兩者相交的一點，市場上可進行**價格調整**。於各個經濟主體當中，以自身的**需求量和供給量的變化而不影響市場價格為前提下**，各自訂定最適方案。像這樣只能接受由市場機制決定價格的經濟主體稱為「**價格接受者**」。

價格接受者的圖示

顧客和店家都無法控制市場價格

謝謝您

請給我這個

交易成立

賣方　　買方

不符合行情的話就做不成生意了

因為和隔壁店一樣的價錢，所以就算了

感謝您的光臨

那請給我這個

交易成立

賣方　　買方

總覺得這是需求方決定的價格

總覺得這是供給方決定的價格

◉**市場的價格調整發生原因**

- - - - - - - - - - - - - - - - - - -

相較於市場規模，因為買賣雙方規模都不大，無法根據其希望決定買價和售價，所以只能遵循市場基準。

經濟學❷

07

為何市場中
只有一家企業存在？

需要龐大初期投資的事業中，若產量增加，也能降低成本，產生利潤，
這就是所謂的「規模經濟」。

像是汽車製造商於生產汽車這項商品時，**必須投入龐大的初期投資**，如機械、
設立工廠等。另外也必須僱用眾多具備專業知識的技術人員及勞工投入生產
線。因為投入了不少成本，當產量增加時，平均分攤於每台車的生產成本也會
降低，也能提高收益。這種現象就稱之為「**規模經濟**」。

汽車產業可見的經濟規模

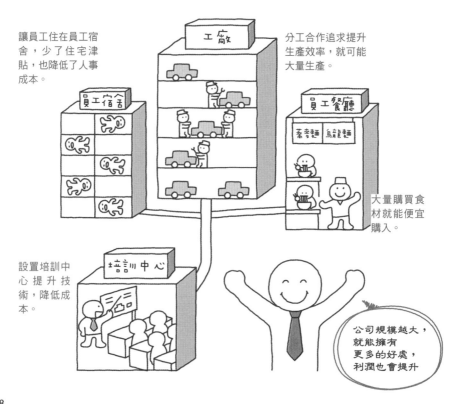

讓員工住在員工宿
舍，少了住宅津
貼，也降低了人事
成本。

分工合作追求提升
生產效率，就可能
大量生產。

大量購買食
材就能便宜
購入。

設置培訓中
心提升技
術，降低成
本。

公司規模越大，
就能擁有
更多的好處，
利潤也會提升

在規模經濟運作下，會形成「**自然獨占**」的狀態，電力和瓦斯就是例子。電力公司除了設立發電廠之外，也必須在全境內鋪設輸電網，需要花費可觀的初期投資成本。一旦輸電量增加時，平均費用會下降。也就是說，與其讓數家公司各自配置輸電網，不如**集中於一家來進行營運，效率也能提升**。根據這個經濟學上的原因，才會出現市場上只有一家企業存在的情況。

自然獨占為市場上只有一家企業

◎ 試圖惡性獨占是獨占
　禁止法中所規範的對象

獨占企業可能利用該立場去哄抬價格，會受到法律的規範。

經濟學❷

08

獨占企業 為何可以隨意訂價？

在市場中獨佔鰲頭的「獨占企業」沒有競爭對手，因此可以自由操控自家公司的商品價格，這也和生產量相關。

市場中只有一家廠商製造及販賣特定產品和服務，稱為「獨占企業」。也就是與前述的完全競爭市場呈現恰好相反的市場。相對於完全競爭企業為價格接受者的身分，獨占企業由於沒有其他競爭廠商的存在，**對於自家商品的售價得以自由操控**。也就是說，若為獨占企業，只要能抑制產能，就能讓價格上漲而從中獲利。

獨占企業能自由操控售價

有如此價格支配力的獨占企業被稱作「**價格決定者**」，雖說如此，光是靠操作價格也無法吸引消費者的青睞。因此，獨占企業會以**調整產量的方式變動設定之價格**。價格上升時，生產量也會減少，產量增加時，價格就會下降，如此取供需的平衡。

「價格決定者」視銷售量以調整供需

經濟學❷ 09 寡占產業中有哪些企業呢？

市場被少數企業支配即為「寡占」，仔細觀察生活周遭，會發現這樣的企業也出乎意料之外地多呢！

「獨占」是由單獨一家企業主導整個市場，而「寡占」指的是由少數限定企業支配市場的狀態。在寡占市場中，特別是**公司數限定為二家時，則稱為「雙頭寡占」**。在寡占市場中與競爭廠商會形成價格競爭。而寡占市場中交易的商品和服務又分成兩種類別。製造廠商不同但品質沒有差異者，稱為「**同質產品**」；會因製造廠商不同而出現品質變化，則稱為**異質產品**。

寡占業界中對於「同質產品」與「異質產品」的消費者心態

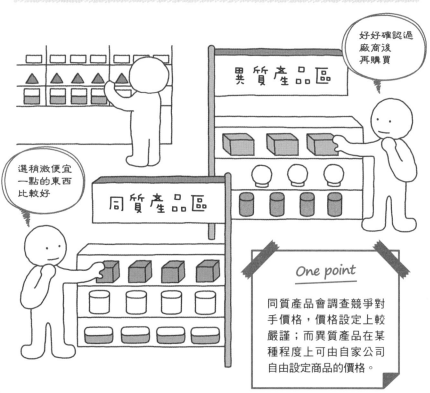

好好確認過廠商後再購買

選稍微便宜一點的東西比較好

異質產品區

同質產品區

One point

同質產品會調查競爭對手價格，價格設定上較嚴謹；而異質產品在某種程度上可由自家公司自由設定商品的價格。

現實中存在以企業為販售對象時多為同質產品，以消費者為販售對象時多為異質產品的傾向。而消費者對於同質產品會選擇較便宜的商品，對於異質產品會以選擇廠商為主。事實上，寡占產業在這世上是存在的。如家庭用遊戲機、客機、手機、啤酒、警備保全、汽車等等。這些都是**市場上少數的大企業，一邊支配市場，一邊形成相互競爭的市場結構**。

受歡迎的寡占企業市場佔有率

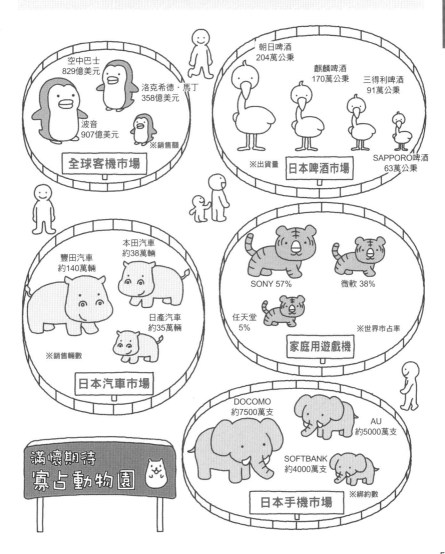

全球客機市場
空中巴士 829億美元
洛克希德・馬丁 358億美元
波音 907億美元
※銷售額

日本啤酒市場
朝日啤酒 204萬公秉
麒麟啤酒 170萬公秉
三得利啤酒 91萬公秉
SAPPORO啤酒 63萬公秉
※出貨量

日本汽車市場
本田汽車 約38萬輛
豐田汽車 約140萬輛
日產汽車 約35萬輛
※銷售輛數

家庭用遊戲機
SONY 57%
微軟 38%
任天堂 5%
※世界市占率

日本手機市場
DOCOMO 約7500萬支
AU 約5000萬支
SOFTBANK 約4000萬支
※綁約數

滿懷期待
寡占動物園

10 寡占業界像遊戲一樣嗎？

數家在寡占市場相互競爭的企業以「賽局理論」展開競爭，預測對手的下一步，尋求自己接下來的攻擊。

所謂的「**賽局理論**」，就是預想對手玩家（競爭者）會如何因應自己行動作出對應，並**作出最有利自己的考量**。對於個體經濟學來說是主要且可以解析經濟現象的一種分析工具。在同一個市場裡與數家廠商展開激烈交鋒的寡占產業中，賽局理論被具體落實，展開眾家以巧妙戰略相爭的局面。

寡占狀態下進行的「賽局理論」

生產販賣自家商品時，需將其他公司商品價格、生產量及品質進行縝密地分析並制定作戰計畫。此外，即使各企業共同決定價格，也就是策劃卡特爾（見第60頁），在這種局勢下還是有可能被另一家公司洞燭先機，搶先行動而遭到背叛。只是在寡占業界中，也有**對於自己跟對手同時都是最佳戰略選擇的情況**。如此僵固的狀態稱作為「**納許均衡**」。

「納許均衡」中常見的商業場景

經濟學❷

11

寡占產業中
為何不互相配合呢？

寡占市場中的企業想法可以比喻成囚犯的心理加以解讀。伺機而動，動靜觀瞻而得的結果，往往是表現深埋於人們內心的想法。

您有聽過前述「賽局理論」中有名的「囚犯的兩難」（Prisoner's Dilemma，亦稱囚徒困境）的故事嗎？在此以寡占市場中廠商的想法和行動為例子，為各位作解說。順帶一提，所謂Dilemma就是左右為難的意思。這個理論背景是由兩個好友被懷疑犯案時，在不同房間個別接受警方偵訊調查而開始。

寡占市場中比擬為「囚犯的兩難」的兩家企業

在兩名嫌疑犯被問案時，警察在他們耳邊這樣低語。「本來你要被關5年。但是如果你指證是同伴犯案的話，只有他會被關10年而你可以無罪釋放。」然後又補上一句「如果你們都保持緘默，兩人都被關2年；如果你們都有犯罪，當然就都關5年。」原本這兩人應該要共同保持緘默的，不過如果**招供對自己比較有利，可能造成兩人「相互背叛」的結局**。

One point

寡占市場就如同警方的偵訊室。在這個「囚犯的兩難」事例中，如果各自採取合理的行動，可能偏離原本對雙方都理想的結果。也就是說，這種情況下，大家會選擇「不合作」。

競爭對手如果勢均力敵的話比較好合作嗎？

經濟學② 12

「僅限一次」還是「反覆進行」，會改變人們對競爭者所採取的策略。
這裡將以長期觀點來解讀哪一個會比較有利。

先前介紹的「囚犯的兩難」有一個大前提，那就是這個賽局（交易）只限定一次。如果是反覆進行的賽局，在這裡需考慮到玩家的策略是否有改變。僅限一次和反覆進行的賽局之間的最大差別，在於是否有必要預測未來走向。如果是後者的話，會萌生**避免今後的損失而計畫能長期獲得最大利益的戰略**。

僅限一次的囚犯兩難式「納許均衡」

因為背叛策略而導向負面思考

如果維持長期關係，可以在未來得到更大利益時，與其作出背叛對方的行動，**不如相互合作維持長期關係還比較合理**。因此，合作戰略就可能促成納許均衡，這就是「**無名氏定理**」。若考量賽局中對手固定，而且以維持長期關係為前提來思考戰略，「互相協助」這個選項是最佳的決定。

反覆進行賽局中催生合作的「無名氏定理」

考量到將來的利益而採取合理思考

One point

長遠來看協助對方會比較有利，「無名氏定理」的這種考量在封閉型的業界中，有時也會朝不好的方向發展。

經濟學② 13 何謂卡特爾？

逃避激烈的價格競爭及討價還價以獨占利益，寡占企業之間常有相互串謀行為。不過，結果往往⋯⋯。

數家寡占企業為獨占市場的利益，頻頻進行「**卡特爾**」這種串謀合作。典型的類型是將商品價格聯合設定為高價，企圖抑制生產量以維持高價。可想而知，受害的是消費者。不只如此，也會妨礙社會整體的經濟活絡化，傷害無以計數。**卡特爾在法律上被嚴加禁止，並視為犯罪行為而科以重罰。**

「卡特爾」是寡占企業之間串謀而成的勾結行為

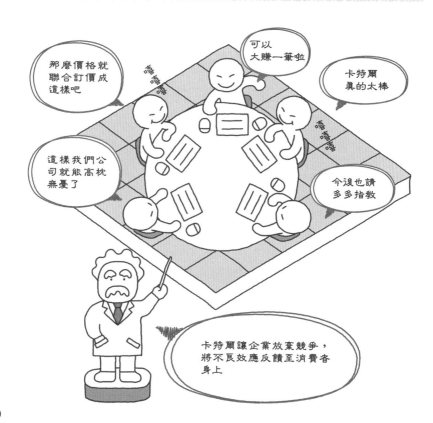

若寡占企業之間對於價格和產量能達成協議，就能獲得極高的獨占利益。由於免於價格競爭及削價競爭的損耗，企業間常會被卡特爾所誘惑。另一方面，由於一律設定為高價，若是比其他公司搶奪先機，先稍作降價，就可讓自身公司謀取暴利。雖說如此，事實上，企業之間的卡特爾，在**「反覆進行」**的場合，**先下手為強靠著降價謀利者也頗為少見**。

如果「不互相配合」將會受到嚴厲報復

column no.02

何謂新興古典經濟學派
與凱因斯學派？

經濟學學派中對立色彩最濃厚的莫過於「新興古典經濟學派」與「凱因斯學派」。新興古典經濟學派是承接古典學派（18～19世紀的古典派經濟學）的學派。另一方面，凱因斯學派則是批判新興古典經濟學派的前身，即無法妥善解釋1930年代經濟大恐慌狀況的古典學派，並推出新興理論的學派。這兩家學派之間的最大差別，在於不景氣時政府是否應該推出經濟復甦政策的這個論點上。

新興古典經濟學派無法解釋經濟蕭條時的大量失業情形，但凱因斯學派的經濟復甦政策的效果亦是有限，目前這個爭論並未有定論。再者，新興古典經濟學派主要是針對個體經濟學，而凱因斯學派主要以總體經濟學為研究對象等，關於分析標的對象也有很大的差異。

順帶一提，近年來新興古典經濟學派具有壓倒性的影響力，但是自2008年入秋以後受到全世界同時面臨景氣蕭條的衝擊，凱因斯學派又再次受到矚目。

凱因斯　　里昂・瓦爾拉斯
　　　　（新興古典經濟學派）

與市場
密不可分的經濟學

市場上每天都有許許多多的商品在進行交易。經濟學自古以來也一直聚焦市場,並對其進行研究。那麼,所謂的市場到底是什麼呢?

經濟學❸

01　何謂市場？

所謂支配經濟社會的「市場」，是由誰操作，又是如何操作的呢？18世紀時，知名經濟學家已針對此加以闡明。

根據18世紀的經濟學家兼哲學家亞當・史密斯闡述，要使國家富足的話，市場運作機制上必須摒棄國家的統治，允許個人自由活動，方能達成市場的均衡狀態，並能帶動經濟發展。也就是說，亞當強烈主張自由經濟活動的重要性。當時的英國正從唯有特權階級富得流油的社會結構中脫胎換骨，**經工業革命過後，中產階級（資產階級）勢力抬頭，處於迎向近代資本主義的過渡期。**

市場由「看不見的手」在運作著

在亞當‧史密斯的著作『國富論』中提及，「市場」中若消費者與生產者各自追求自身的利益來行動，就會自然地達成均衡，並形成公平價格，並將此機制形容為「**看不見的手**」而遠近馳名。也就是說，市場本身不光只是因人類的自私自利之心，展開貪婪的行動而成立，就結果而言，也可預想其與**經濟社會全體的利益密不可分**。

One point

然而，在1929年美國股價大暴跌而引發經濟大恐慌時，掀起只憑藉市場自由運作仍讓人感到疑慮不安的異議。

價格過高的話就沒有人會買了

今年收成的米很棒嘎

參考均衡點來決定價格

生產者

適當的均衡點

供給

各自的欲望取得自然均衡而決定出價格

經濟學❸

02 何謂市場最適狀態？

市場資源該如何有效率地配置運用，經濟學上將追求此狀態定義為「柏拉圖最適境界」。

經濟學上對於成果有多少期望值的衡量標準有作出定義，即為「**柏拉圖最適境界**」，意指在資源配置中，若不將一方的效用減少，另一方的效用就無法再增加的狀態。也就是說，就全體而言能達成效用極大化的境界。就市場來說，亦是**生產者與消費者能處在最適當產量生產與消費的狀態**。

代表最適資源配置的「柏拉圖最適境界」

人人皆處於感到心滿意足的最佳狀態

舉例而言，有A先生和B先生兩人，A先生有蘋果和橘子各二顆，他喜歡蘋果，但對橘子不喜歡也不討厭。B先生有二顆蘋果，而蘋果跟橘子他都喜歡。A先生將橘子當作禮物送給B先生，改善了B先生的狀態，但是A先生的狀態也沒有惡化。這就是所謂的柏拉圖最適境界。而**原本的資源配置狀態並未達成「柏拉圖最適境界」**。

將市場狀態比喻成2人效用的場合

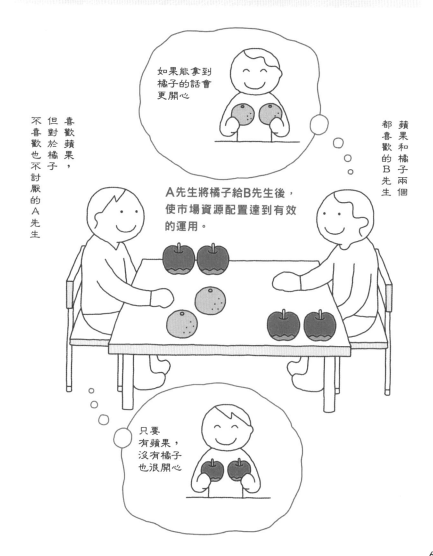

如果能拿到橘子的話會更開心

喜歡蘋果，但對於橘子不喜歡也不討厭的A先生

蘋果和橘子兩個都喜歡的B先生

A先生將橘子給B先生後，使市場資源配置達到有效的運用。

只要有蘋果，沒有橘子也很開心

經濟學③
03

所謂市場，就是經常處於不穩定狀態①

作為經濟社會核心的市場，其實具有不穩定及不完全的特性。讓我們來想想引起市場運作失靈的原因吧！

市場於一定條件下，能達成物品運用配置的效率化，不過也有條件不齊全時，讓市場機能無法有效運作的情況。買方和賣方皆無法單方面左右市場中物品的價格。不過，如果是處於缺乏競爭的情況下會如何呢？假設獨占廠商和寡占廠商哄抬價格，並減少生產量，就會導致資源配置**失去效率**，此時稱為「**市場失靈**」。

市場就如同走鋼索，一直有失敗的風險

遮住眼睛橫渡鋼索就如同條件不齊全的市場一樣危險

獨占

價格操作

市場

不均衡

寡占

市場承受著數個不確定因素的影響

在其他情況中，也有可能發生市場失靈的問題，如經濟活動的「**外部性**」。假設河川的上游有工廠，將化學物質排放於河川中。原本工廠必須支付海洋的清潔費。不過，若是工廠沒有負擔該成本，還繼續生產更多比原先更便宜的產品。**本來應該負擔的成本變得無須負擔，也進而使社會全體的「最適生產量」崩盤。**

公害為「外部性」的代名詞

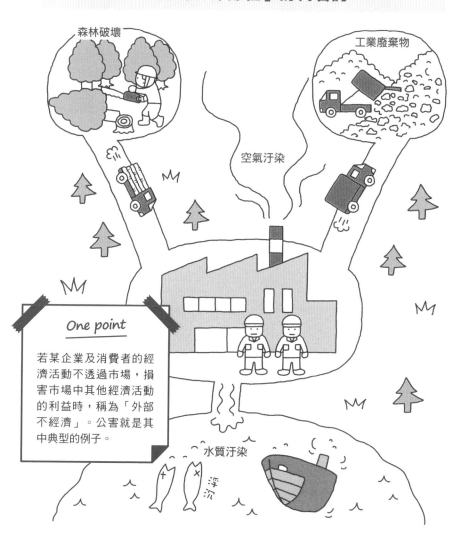

森林破壞

工業廢棄物

空氣汙染

One point

若某企業及消費者的經濟活動不透過市場，損害市場中其他經濟活動的利益時，稱為「外部不經濟」。公害就是其中典型的例子。

水質汙染

所謂市場，就是經常處於不穩定狀態②

經濟學❸
04

市場經濟的敵人為一般民眾，也有可能是企業。若彼此認識不清，有可能帶來災害。

您有聽過「**公有地的悲劇**」嗎？對牧羊的村民來說，牧草是村莊裡的共有財產，是要使用多少都可以的免費資源。因此會流於濫用，最終使牧草全部消失殆盡。**如果人人都任意地浪費資源，市場早晚都會面臨市場失靈的危機與風險。**

「公有地的悲劇」的發生過程

◉ 無計畫的市場經濟將造成失靈

資源本身並非無限，而是有限度的，總有一天會枯槁耗盡。另外不訂定計畫造成浪費就會造成市場瓦解。這就叫作「公有地的悲劇」。

「**道德風險**」在市場中也是危險的存在。例如，投保了火災險，就輕忽用火安全，引起失火等大意行為是不應該的。當大規模火災發生時，保險費也會增加，使被保險人也受到不利影響。**大型金融機關及大型企業是由政府所救濟的這種認知**也是道德風險的一種。這一種誤認也將使市場不確定性增加。

威脅到市場經濟的道德風險例子

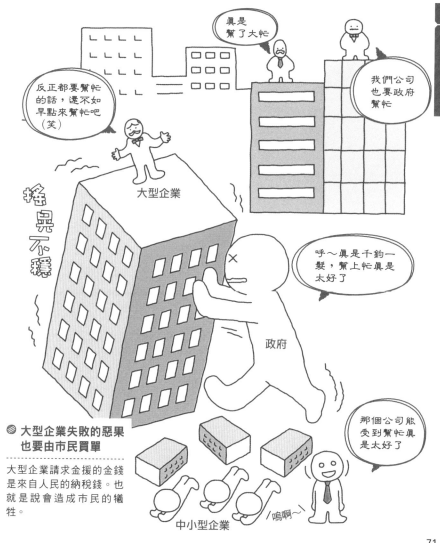

● **大型企業失敗的惡果也要由市民買單**

大型企業請求金援的金錢是來自人民的納稅錢。也就是說會造成市民的犧牲。

經濟學❸
05

市場的不穩定
是可以克服的嗎？

有某個經濟學者理論認為，經濟市場中可能發生的失敗，當事人之間能
自發性解決。也就是「寇斯定理」。

在現實世界中，要正確計算外部不經濟的負面影響是有困難的。另一方面，即
使沒有政府的介入，民間經濟主體也可以自發性解決市場失靈的情況，這就叫
作**「寇斯定理」**。經濟學家寇斯主張如果**存在由談判交涉所獲得的利益，就能
以此作為動機，解決市場的失靈**。再者，如果談判不需花費成本，則會為當事
人雙方帶來相同的資源配置。

民間經濟主體的自發性解決

那麼請賠償
損害的部分

我知道了。
這樣就
解決了吧

外部不經濟所造
成的市場損失就
此一筆勾銷吧

 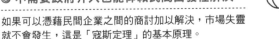 ◉ 不需要政府介入也能仰賴民間自發性解決

如果可以憑藉民間企業之間的商討加以解決，市場失靈
就不會發生，這是「寇斯定理」的基本原理。

例如A先生一彈鋼琴，隔壁的B先生就會發怒。鋼琴可以帶給A先生喜悅，但卻是讓B先生要付出痛苦這個開銷費用。假設A先生的喜悅程度是1萬日圓，B先生的痛苦程度為2萬日圓。如此一來，若B先生給A先生1萬5000日圓的話，A先生就可能不再彈鋼琴。這個理論中出現了AB雙方都能接受的解決之道。只是在**解決之道上訂定價格是有困難的**，這不符合現實考量。

「寇斯定理」只決定於效率

吵死了，
沒辦法睡覺

B先生

彈鋼琴
真是開心啊

A先生

將外部不經濟加以
內部化，當兩者達
成協議，就能達成
最適的資源配置

經濟學家
羅納德・寇斯

One point

羅納德・寇斯將他的主張以理論模型呈現，並在1991年榮獲諾貝爾經濟學獎。

經濟學❸
06
事實上人人
都和市場有關

人人都可以免費使用的「公共財」，是由大家一起負擔供應該公共財相關的費用。人們在生活中，應有參加市場經濟的自覺。

您有聽過「**公共財**」嗎？在您的生活周遭裡公共財隨處可見，像是**公園、道路、路燈、橋梁、消防、警察、國防等等**。在此定義下，首先可知公共財具有「共享性」，是指不論是誰使用，也不會減少他人使用的權利。其次為「無排他性」，這代表人人皆可使用。具有這兩種性質的物品稱作為公共財。

公共財與經濟之間的關係

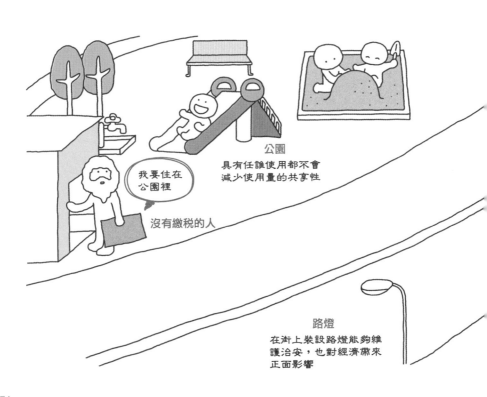

我要住在公園裡

沒有繳稅的人

公園
具有任誰使用都不會減少使用量的共享性

路燈
在街上裝設路燈能夠維護治安，也對經濟帶來正面影響

在這邊有個重點，公共財其實也會花錢。不過因為具有「無排他性」，**即使是沒有支付代價的人也能夠無償使用，享受它所帶來的便利性**。就此點延伸來說，生活中不可或缺的公共財的供應也會有所停滯。公共財任由市場經濟運作，但也受到各個相應租稅的支應。就此意義下，人人都應有與市場相關的自覺，而肩負起責任。

消防車

有小偷～

失火的地方
在這邊喔～

你被
逮捕了

巡警先生
真是太厲害了

警察

如果火災
蔓延
就糟了

麵包店

One point

公共財是由稅金支應。人人都可以平等使用，就連沒有納稅的人也可用。再者，由於全都是公共事業，也成為經濟的基石。

逆向選擇

讓市場運作機制失靈

　　市場的失靈，也就是喪失市場價格調整機能的情況，有個例子稱作「逆向選擇」。這是由於買方和賣方擁有的商品情報有所偏頗，阻礙了有效的資源配置運用，使市場機制失效。這裡可以用中古車市場當作例子。中古車的賣方是專業人士，可以檢查手邊的車況，相當瞭解自己要賣的車的品質。

　　另一方面，買方只能相信賣方的話。買方如果不相信的話，就會放棄購買中古車，結果只會使市場全體規模縮小。

　　另外再舉個例子，保險公司若不知道被保險人的健康狀態，讓不甚健康的人投保，則可能會讓保險公司無法營運下去。這就是所謂的「逆向選擇」，在日本也會用和製英語「Moral Risk」來稱呼。

經濟成長結構為何？

為了讓現在的生活更加富足，經濟成長是不可或缺的。那麼，經濟究竟是以什麼樣的機制獲得成長的呢？

01 金錢是如何流動運轉的呢？

經濟是藉由個人與企業之間金錢的持續流動而活躍運轉。這就叫作「市場經濟」，是所有經濟活動的一個基盤。

經濟結構光看金錢流轉就能明瞭，相當地淺顯易懂。那是因為經濟的基礎就是建立於個人（家庭生計）與企業之間的往來。這就叫作**「市場經濟」**。家庭生計和企業之間，視為二個市場相互進行交易。其他也有產品市場和勞動等生產要素的市場。

由商店街觀察到的市場經濟

人們在不知不覺中，都在參與著經濟活動

舉例而言，A先生在水果行裡買了500日圓的水梨，這筆錢就是店家的收入。在產品市場中，金錢由個人（家庭生計）流動至企業。另一方面，在生產要素市場中，金錢的流向則是相反。水果行需要有勞動力幫忙，也就是說A先生支付的500日圓的一部分會作為某個人的工資。**所支付的工資也會被這個人拿去買東西**，如此持續循環下去。

二個市場相互持續循環不止的「市場經濟」

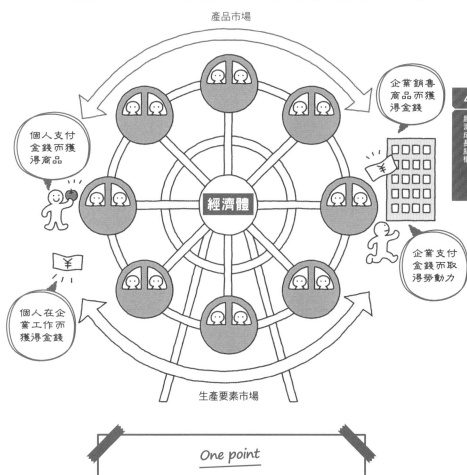

國家富足的
衡量指標為何？①

「GDP（國內生產毛額）」為衡量該國家的經濟水準和國民生活水準的
重要指標。那麼，日本大概排行第幾呢？

是否常耳聞**GDP**這個名詞呢？這就是「國內生產毛額」，**亦即一年以內，居**
住於一國國內的人賺取了多少錢這種附加價值的合計數值。GDP是一國於一定
期間內經濟活動規模的衡量指標，這是最值得參考的數據，亦頻繁運用於經濟
成長相關議題。這裡的重點是「附加價值」合計數值的這個部分。附加價值就
具體而言，是指什麼呢？

GDP為衡量國家經濟活動規模的代表性指標

One point

GDP越高，該國家的經濟水準越高，也代表國民生活水準也越高。順帶
一提，GDP排行中第一名為美國，第二名為中國，第三名是日本。

舉例來說，某間外食相關企業一年內採購10億日圓的白米，以及20億日圓的牛肉，然後賣出銷售額50億日圓的牛丼。相對於50億日圓的營業額，成本花了30億日圓，這個企業的附加價值就是扣除成本後的20億日圓。也就是說，這間外食相關企業**讓國家經濟全體附加價值增加20億日圓**。而各個企業附加價值的合計即為GDP。

一碗牛丼中的經濟生產活動

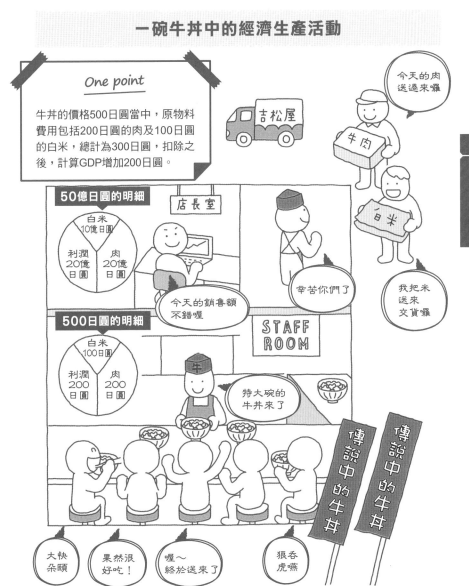

One point

牛丼的價格500日圓當中，原物料費用包括200日圓的肉及100日圓的白米，總計為300日圓，扣除之後，計算GDP增加200日圓。

今天的肉送過來囉

吉松屋

牛肉

白米

我把米送來交貨囉

50億日圓的明細

白米 10億日圓

利潤 20億日圓

肉 20億日圓

店長室

今天的銷售額不錯喔

辛苦你們了

500日圓的明細

白米 100日圓

利潤 200日圓

肉 200日圓

STAFF ROOM

特大碗的牛丼來了

傳說中的牛丼

傳說中的牛丼

大快朵頤

果然很好吃！

喔～終於送來了

狼吞虎嚥

経濟學❹
03 國家富足的
衡量指標為何？②

曾為經濟水準代表性指標的「GNP（國民生產毛額）」因商業規模受到全世界性轉變的衝擊，信賴度變低了嗎？

相對於前一頁的GDP（國內生產毛額），也有「**GNP**（國民生產毛額）」這樣的經濟指標，為代表**國民**在一年內能賺得多少的數值。雖然GDP包括了該國國內的外國人賺得的金額，但GNP並沒有計入。相對來說GNP會計入進出海外的日本人於國外賺取的金額。再者，另外納入日本人於海外投資的利息收入，**近來被稱作為GNI（國民所得毛額）**。

GNP已成為過去的指標

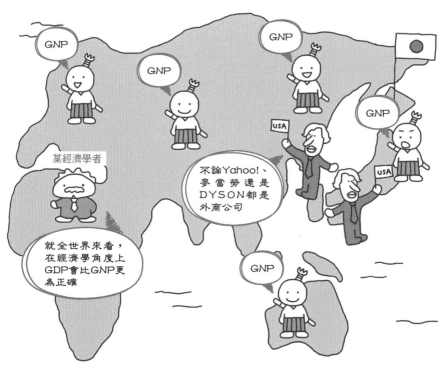

過去常用GNP代表一國的經濟水準，但近年來被GDP所取代。其中最合理的解釋是經濟的全球化趨勢。以日本國內為例，外商公司紛來沓至地進入日本市場。儘管如此，考量經濟規模時將這些外資除外，**於掌握一國經濟狀態上並不妥當。**

One point

歐美諸國由於人力與物品的跨境流通頻繁，自古以來就將GDP統計定位為主要的經濟指標。

GNP
（國民生產毛額）

以日本GNP來說，包括在海外的日本人的所得，但不包括居住於日本的外國人和外商公司。

GDP
（國內生產毛額）

以日本GDP來說，包括在日本國內的外國人和外商公司的所得，但不包括在海外的日本人的所得。

GNP

GNP

GNP

◎「朝國際化發展的現代，
　GNP已不符時代潮流」

現代社會由於國際化演變劇烈，在日本國內的外國人人數增加，因此外國人在日本國內的消費也增加。比起GNP來說，使用GDP衡量更能掌握日本經濟的成長。

家務勞動
是否包括在經濟成長內？

您是否認為只有產生金錢才算是經濟活動呢？讓我們來想想包括及不包括於GDP中的經濟活動的價值。

即使有經濟效益，仍有可能不包括於GDP之中。例如有價證券及土地因價格上漲而售出，取得的出售利益，認列為「**資本利得**」。這是因為**並非由生產活動創造的附加價值**不包括在內。在家庭內的掃除、洗衣等**家務勞動**也同樣未包括於GDP之中，理由是該勞動價值無法正確地衡量。若僱用幫傭的話會產生成本，不過家務並不是交易，所以不被視為標的對象。

雖然是家務勞動，卻也是了不起的工作…

反之，就算沒有透過市場交易，也有可能反映於GDP計算上。老人福利服務等由政府創造之附加價值即為如此。創造這些公共服務，是以公務員的薪餉等費用作為衡量換算。另外像是農民自家消費的農作物，被視為在市場販售而將總生產量計算後計入GDP。像這樣的活動會被**假設為有在市場交易並計算後歸入GDP**。

在市場外部被列入的DGP

One point

除了老人福利服務以外，警察及消防等公共服務也會計入GDP中。再者，在種植農作物時，種子、肥料及農藥等成本也計算於GDP中。

---

05 何謂物價指數？

經濟活動的盛況如何判定，可依據將價格變化加以數值化的「物價指數」進行判斷。接下來就為您解說物價指數的判斷方法。

經濟相關的新聞中偶爾會看到「**物價指數**」這個說法。這個指數是消費者購買商品（物品或服務）後，**以綜合性及客觀性表示物價的變化**，並多方面地被運用。其中具代表性的是用於消費財的「消費者物價指數」與用於企業生產活動的「企業（批發）物價指數」。日本總務省為了掌握物價的動態，會制定出消費者物價指數並按月公布。

何謂消費者物價指數？

◉ 以消費者角度觀察到的物價，並以比率表示

對於以消費為目的的家庭來說，所需之物品及服務稱作消費財。該消費財的物價以比率表示，即為「消費者物價指數」。

所謂的物價指數是指某時期的物價設為基數100，**將目前物價和該時期比較後的變化加以數值化**。去年200日圓的水梨，今年要300日圓，原本10萬日圓的冰箱變成現在要11萬日圓。實際上漲價較多的是哪一個呢？答案是水梨。水梨在200日圓時視為100，300日圓就是150。冰箱在10萬日圓時視為100，11萬日圓就是110。以指數來看水梨漲價較多。

用於衡量企業生產活動的指標為企業物價指數

06 投資為經濟成長的基礎

經濟活動能否持續進行，活絡景氣時「投資」活動為不可或缺的要素。
另一方面，它也隱藏著不確定的因素。

經濟學所指的「**投資**」，是指為提升未來的生產力，而投入金錢購買資本的活
動。所謂資本是指設備及機械等理所當然的基礎設施、能學得技術的教育訓
練、建立專業技術知識的研究開發皆包含在內。投資為經濟成長的基礎，在持
續性經濟活動上是不可或缺的。因為這樣能**提高生產力，方能促進經濟成長**。

企業主也積極力行作為經濟成長基礎的投資

One point

經濟學上，對於增加資產增加且貢獻於經濟活動上的行為稱作投資。以企
業的角度來看，為了提高生產性，生產、研究開發及員工教育等都是必要
的要素。

為了解釋得更清楚一些，讓我們站在企業的立場上考量「投資」這件事。企業所作的投資，都是為了提高生產性而作的「購買行為」。為了因應相當巨額的「購買行為」，需要**向銀行貸款資金**。一旦有借款，就必須附上利息來償還。假若該利息過高，企業也不會進行投資。也就是說，投資量和銀行利率之間有關聯性。

企業的「投資」也會潛藏危機

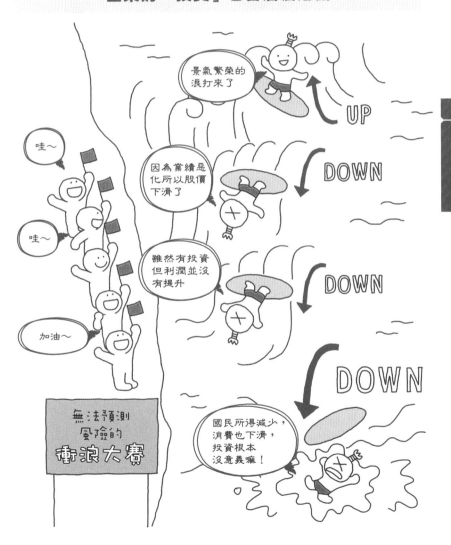

景氣繁榮的浪打來了

因為業績惡化所以股價下滑了

雖然有投資但利潤並沒有提升

哇～

哇～

加油～

無法預測風險的衝浪大賽

國民所得減少，消費也下滑，投資根本沒意義嘛！

UP

DOWN

DOWN

DOWN

經濟學 ❹
07 觀察經濟成長時，也應留意消費

考量經濟全體時，消費占據了重要的地位，不僅在一國的國民所得中占了相當大的比例，也擔負經濟成長的重任。

人們在生活中，會反覆進行**消費**。吃飯、買新衣、上美容院理髮、搭電車前往某些地方等等，這些全都是消費。經濟學中也將消費作為個人生活水準的衡量標準。在假設物品（商品）的價格及所得不變下，針對人們購買時考量的消費動向進行研究，**之所以會這樣設定，是因為消費在一國的國民所得中占有相當大的比例，也擔負著經濟成長的任務。**

人生就是連續地「消費」，故經濟得以成立

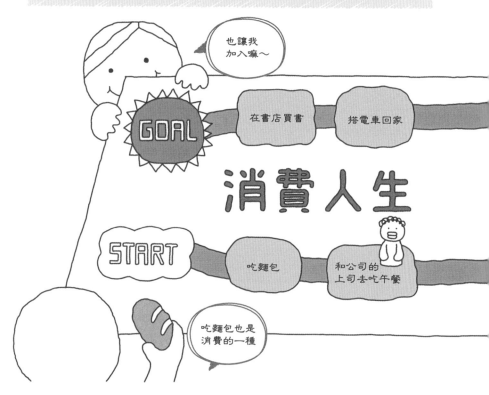

人們所得增加時，會把一部分用來消費，剩下的作為儲蓄。即使所得為零也會挪用存款或借錢，消費最低限度的金額。消費水準會因應所得和生活水準而產生變化。只是，**就算薪資調漲2倍，也並不表示購物量就會變成2倍**。人們為了以防萬一，會將所得的一部分作為貯蓄。

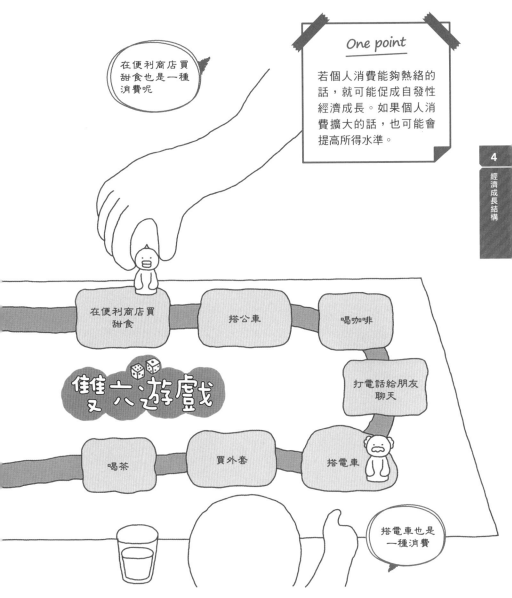

在便利商店買甜食也是一種消費呢

One point

若個人消費能夠熱絡的話，就可能促成自發性經濟成長。如果個人消費擴大的話，也可能會提高所得水準。

在便利商店買甜食

搭公車

喝咖啡

打電話給朋友聊天

雙六遊戲

喝茶

買外套

搭電車

搭電車也是一種消費

對於經濟成長，政府的存在是必要的嗎？

要擺脫不景氣，「凱因斯經濟學派」提倡政府的管制是必要的，並主張貨幣政策和財政政策才是景氣回升的捷徑。

為克服1929年經濟大恐慌所引起的景氣蕭條，經濟學家凱因斯創設「**凱因斯經濟學派**」。其學派基本論點是**「要調整需求與供給的落差時，不是調整價格而是數量」**。就算供給多於需求造成滯銷，也不會立刻降價。在這種情況下，企業與其調降價格，不如減少生產量來應對。

「凱因斯經濟學」提倡數量比起價格更為重要

凱因斯向政府進勸以政策面加以管制，也就是貨幣政策和財政政策。前者為藉由調降利息，後者為投資社會基礎。實施之後，就能創造企業商機、雇用及需求，**以改善需求不足**。此外，為了提高GDP，不能放置不管，必須透過政府的助力才行，因此，凱因斯也強烈主張公共投資的正當性。

政治操控下介入經濟的政府

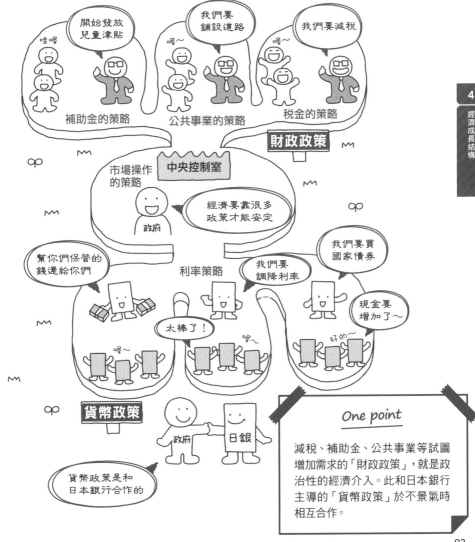

One point

減稅、補助金、公共事業等試圖增加需求的「財政政策」，就是政治性的經濟介入。此和日本銀行主導的「貨幣政策」於不景氣時相互合作。

經濟學❹ 09 政府於經濟面 扮演的角色為何？①

政府實施景氣穩定化政策的統稱為「財政政策」，以減稅和公共投資作為二大砥柱，並以創造有效需求為主要目的。

我們在前面的單元提到了貨幣政策和**財政政策**，再來要更詳細地說明財政政策。為了克服失業及不景氣問題，凱因斯主張政府應積極地實施財政政策。主要的重點就是**減稅和公共投資**。首先是關於減稅的部分，稅金過高時，可支配所得也會減少。一旦稅金減少時，收入金額不變，也會使可支配所得增加，因此也引發需求擴張。

最有人氣的經濟政策

關於公共投資，想像橋梁及道路鋪設就容易理解了吧！承包工程的建設公司**發出轉包案，會產生波及效果，使多數的人受惠**。若政府投入資金進行公共投資，能使景氣呈現穩定狀態的話，賺錢的人就會變多。就結果而言也能增加國家稅收。然而，從事公共事業也無法復甦景氣的話，政府的借款就會增加。

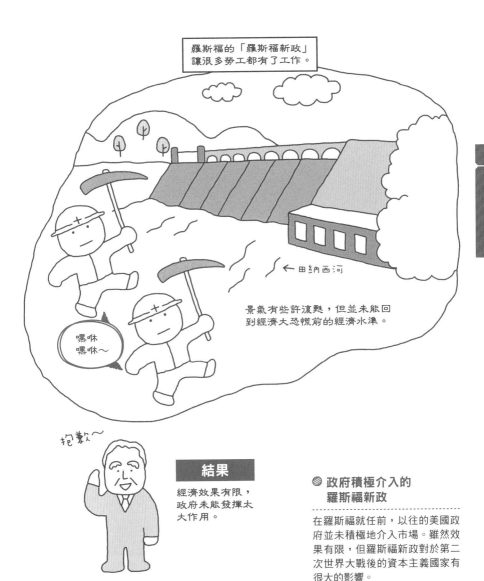

羅斯福的「羅斯福新政」讓很多勞工都有了工作。

← 田納西河

景氣有些許復甦，但並未能回到經濟大恐慌前的經濟水準。

嘿咻嘿咻～

抱歉～

結果

經濟效果有限，政府未能發揮太大作用。

🌀 政府積極介入的羅斯福新政

在羅斯福就任前，以往的美國政府並未積極地介入市場。雖然效果有限，但羅斯福新政對於第二次世界大戰後的資本主義國家有很大的影響。

經濟學❹

10

政府於經濟面
扮演的角色為何？②

財政政策的成功，必須仰賴「乘數效果」的波及效應。不過，與從前相比起來，其效果正日益衰退中。究竟原因是……

為使景氣回升，政府施行公共投資和減稅政策的成功與否，取決於「**乘數效果**」。所謂乘數效果，是指**國民所得增加程度較政府實際所用的金額更多的現象**。政府運用的金錢成為人民的薪水，而薪資調漲的人也會增加購物，因而使他人賺錢等等產生如此的正向連鎖循環。

乘數效果的機制

雖然日本高度成長期時，公共投資的乘數效果在第3年時有著將近3倍的影響，但近年來下滑到不及2倍。原先乘數效果的加速作用須於波及過程中有連鎖性消費的發生。然而事實上，增加的所得被作為儲蓄及償還借款，並沒有用到消費上。這可說是反映出動盪不安的時局下，**人們對未來的不安感越大，越有高度的儲蓄傾向。**

今昔相比的「乘數效果」

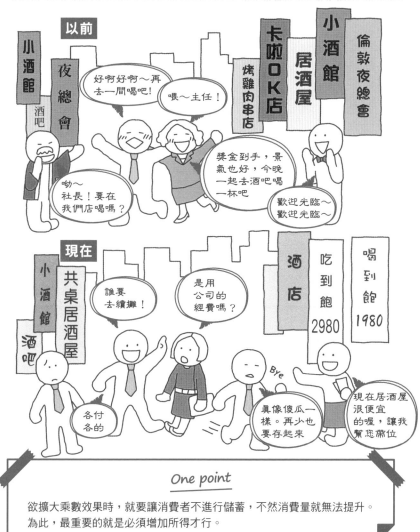

One point

欲擴大乘數效果時，就要讓消費者不進行儲蓄，不然消費量就無法提升。
為此，最重要的就是必須增加所得才行。

11 從何判斷景氣不好？

經濟學❹

「失業者」可區分為三種型態，而就經濟指標來說，被視為問題且受到不景氣影響的「完全失業者」占了一定程度的比率。

沒有在工作的人稱為失業者，可分為三種類型。「自發性失業」為不能接受薪資待遇，而自己決定不繼續就業的狀況。因季節因素等沒有工作的情況，稱為「摩擦性失業」。有勞動意願和能力，但是受到不景氣的影響，失去工作的狀態稱為「完全失業」。

「勞動市場」上存在著三種失業型態

完全失業者不存在時會定義為完全雇用狀態，但是完全失業以外的其他兩種類型，不管是景氣好或景氣差都依然會存在。這就叫作**自然失業率**。另一方面，經濟學上認為失業率的問題在於完全失業者的存在，他們在勞動力人口全體中所占的比率為「**完全失業率**」。產生失業者的原因除了不景氣以外，也包括地域性問題及產業結構的變化造成的影響，需要政府以裁量性政策加以改善。

完全失業率攀升時景氣倒退的證據

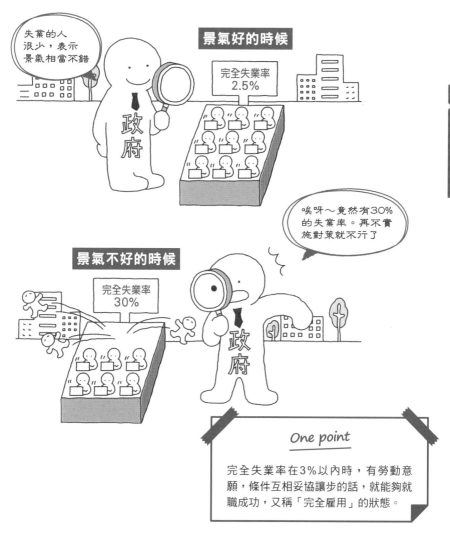

One point

完全失業率在3％以內時，有勞動意願，條件互相妥協讓步的話，就能夠就職成功，又稱「完全雇用」的狀態。

賦稅和社會保障帶來國家的穩定

在經濟學上是不願見到景氣急遽變化，因此稅制和社會保障制度的自主抑制效果會促進安定化。

前面提及政府支出和投資增加帶來的乘數效果可能讓國民所得增加數倍。然而，增加並不是越多越好，當所得（生產活動）有劇烈的變動時，就期望安定的觀點來看並不是一個理想的結果。**為了抑制景氣過熱，其中一個穩定機制就是所得稅。**

何謂自動穩定機制？

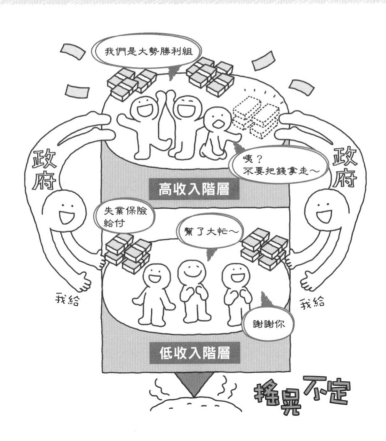

所得稅就是收入越多，稅率越高，也就是所謂的累進稅率制度。稅賦負擔越高的話就會抵銷可使用於消費的金錢，結果會抑制總需求。這個作用稱為稅制的**「自動穩定機制」**。失業保險也同樣發揮相同的穩定機制作用。景氣惡化時，因有補貼補助金，讓消費的下跌幅度減少到最低，當景氣變好時，補貼減少，也會抑制消費的擴大。

政府以稅金和保障制度尋求市場的均衡

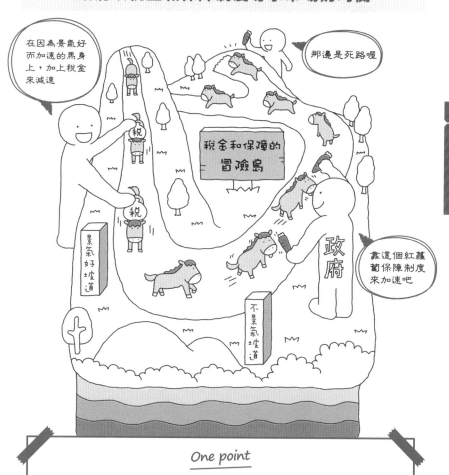

One point

因為對前景感到悲觀，民間投資因而下降時，國民所得就會減少，而稅收也依賴國民及企業的所得。稅金越便宜，使自動穩定機制發揮作用，也讓消費減少和國民所得的下降幅度縮小。

國家財政有赤字時是否不佳？

無論是家庭收支，還是國家的財政收支都有盈虧相關的收支結構問題。
只是就國家而言，有分成不太嚴重的虧損和嚴重虧損。

政府的稅收若多於支出時就有「財政盈餘」，反之政府的支出超過稅收時就會
有「**財政虧損**」。景氣越惡化，失業率就越攀升，經濟活動會停滯不前，當然
政府的稅收就會減少。此為財政虧損中，**因景氣循環引起的循環性財政虧損**。
這個情況會在景氣循環一個週期後再次出現盈餘，財政赤字會自然消除，亦不
會形成一個嚴重的問題。

稅收和支出的上下波動決定盈餘或虧損

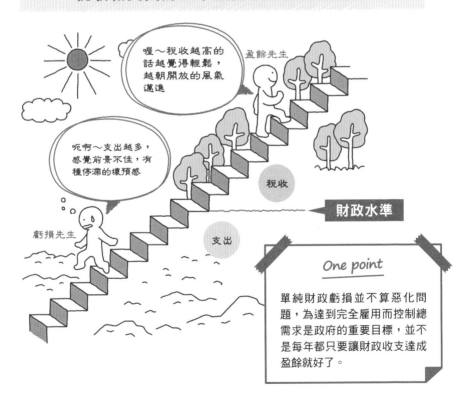

喔～稅收越高的話越覺得輕鬆，越朝開放的風氣邁進

盈餘先生

呃啊～支出越多，感覺前景不佳，有種停滯的壞預感

虧損先生

稅收

支出

財政水準

One point

單純財政虧損並不算惡化問
題，為達到完全雇用而控制總
需求是政府的重要目標，並不
是每年都只要讓財政收支達成
盈餘就好了。

另一方面，成為問題的則是「完全雇用的財政虧損」，是指儘管失業率下降，景氣相當繁盛，國家財政支出仍超過稅收的狀況。再者，實施政策相關的支出超過稅收時，也就是所謂的「基礎財政虧損」，亦是一大問題。**以家庭收支來舉例，就是日常生活費比收入還要來得多**。就像我們會動用儲蓄及借款來彌補不足的部分，國家也是不得不背負債務籌措資金。

日本財政虧損的機制

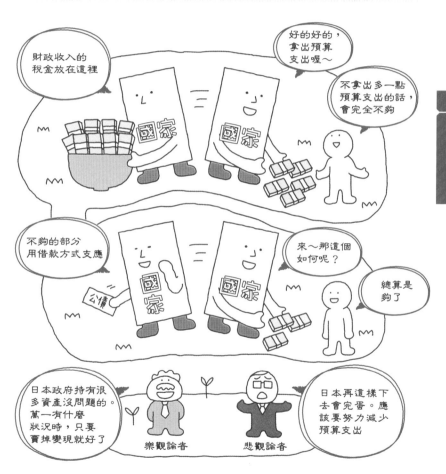

🔵 只有財政支出一直增加，日本的未來沒問題嗎？

每年有著龐大財政支出而背負借款的日本。總額高達1000兆日圓。只是關於此論點贊成與否，經濟學者們也分為2派。

經濟學❹

14 何謂基礎財政收支平衡？

代表財政的基礎收支，解析政策成本和稅收是否達成平衡的標準。自泡沫經濟崩壞後，日本的國家預算又是什麼樣的情況？

用來表示國家財政和地方財政收支健全性程度的指標為「**基礎財政收支平衡**」。這也是衡量**國民納稅的稅金，是否有供應到國家營運費用使用**的標準。簡而言之，由除去公債發行等借款後的「財政收入（稅收）」，以及除去過去借款的本金利息償還後的「財政支出」兩者構成的收支平衡數。

基礎財政收支平衡是一國收支的基盤

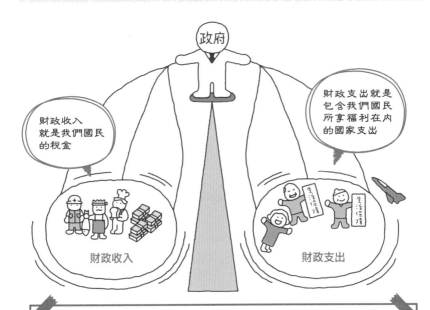

政府

財政收入就是我們國民的稅金

財政支出就是包含我們國民所享福利在內的國家支出

財政收入

財政支出

One point

雖然在日本政府的評估中，2011年度是以達成基礎財政收支平衡為目標，但反覆遭遇全世界金融危機，在重度不景氣的餘波盪漾影響下還是宣告失敗。

若能達成基礎財政收支平衡，就不必再進行新的借款。若虧損持續增加的話，負債將像滾雪球般越滾越大。日本政府於2015年的年度預算約為90兆日圓，其中約有49%是由國家的借款，也就是公債來支應。原本泡沫經濟崩壞後，虧損幅度也年年擴增，年度預算於2009年降至有史以來最差的40.6兆日圓。**日本國家預算經常呈現預算超支的狀態。**

基礎財政收支平衡經常呈現虧損而使借款大幅增加

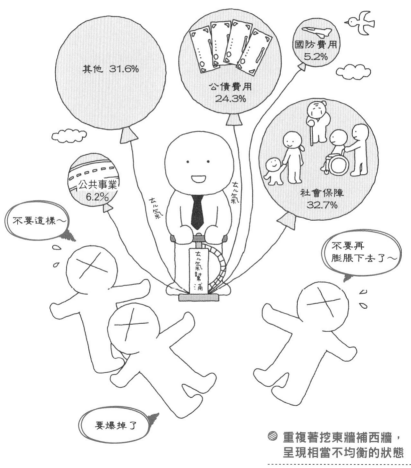

◎ **重複著挖東牆補西牆，呈現相當不均衡的狀態**

日本目前的財政狀況，大約一半的借款是由公債來支應，而且其中一半也用於償付公債。

經濟學❹ **15**

增稅與發行公債哪個比較好？

國家為支應財政所需而發行的公債，總有一天必須償還。雖說如此，這樣的重擔應該由誰來承受呢？

日本於1989年實施徵收消費稅以來，歷經幾次增加，至今消費稅已在2019年10月提高至10%，相信沒有國民會因為消費稅增加而感到高興吧！雖說如此，**日本目前也處於無法再繼續發行公債的狀態**。順帶一提，經濟學上有一學說將增稅與公債發行視為相同的東西，稱作「**等值定理**」。

以公債發行與償還為考量的增稅

◎ **急於償還公債造成增稅負擔加劇**

一般而言為了償還公債而增稅，會讓人民有受到迫害的感覺。

首先以假定同一世代之間發行和償還公債為前提。以增稅支應政府支出，或以發行公債支付，只差在是發生於現在或將來，兩者都會造成稅金的負擔。**若稅金負擔總額沒有改變，人們用於消費上的金額也不會變化**。這就是「李嘉圖等值定理」，主張公債和稅金的經濟效果是相同的。

「李嘉圖等值定理」主張稅金公債並無實質上的差異

One point

經濟學家李嘉圖主張將公債的發行和償還限定於同一世代時，以發行公債和課稅調整支應政府支出，效果上並沒有太大的差異。

經濟學④ 16

就算少子高齡化也能達成經濟成長嗎？

為解決國家勞動力短缺的嚴重問題，以ICT（資訊通訊科技）展開技術創新的潮流掌握關鍵。

目前日本國內少子高齡化和人口減少的問題迅速地發生中。生產人口於1995年達到尖峰後轉向減少趨勢，總人口也自2008年以後持續減少。因此，勞動供給力已到極限，勞動力短缺確實已造成經濟負面影響。**經濟成長的要素包括勞動力、資本積累、技術進步的三要素**。這也是為何人們會認為人口減少造成國內市場的縮減也是不可避免的。

勞動供給力已快到極限

◎ 人口減少造成人手不足
是日本當前的嚴重問題

生產人口（15歲～64歲）當中，以1995年的8616萬人為尖峰，之後就逐年遞減。2030年時為6337萬人，而2060年時減至4418萬人。

近年來ICT（情報、通訊最新技術）的高速進化，讓我們對於經濟成長有著高度的期待。而物聯網（Internet of Things）、大數據、AI的新潮流，為企業和社會帶來**創新**。技術創新可以實現業務效率化，以不須增加勞動力投入即可能得到高生產性的業務，**創造新的附加價值，促使經濟的脈動**。

ICT、大數據及物聯網IoT為經濟成長的要素

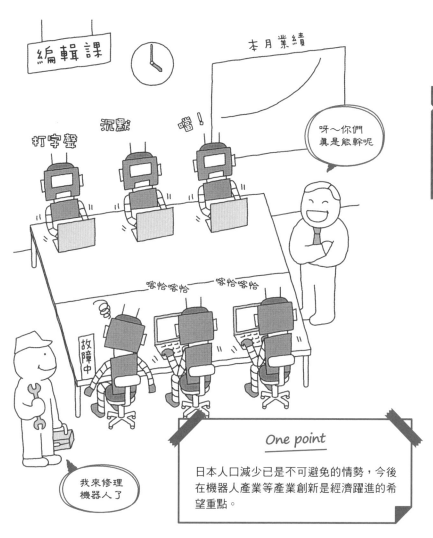

109

column no.04

何謂經濟中潛藏的陷阱

──「合成的謬誤」？

　　經濟學中有一個用語叫作「合成的謬誤」，是指部分合理且正確的行動，對全體而言卻會引導出錯誤的結果。舉例而言，節儉被認為是正確的行為，但如果大家都很節儉的時候又會如何呢？市場中沒有金錢的流動，國家的經濟也會面臨破產危機。節約對個人而言也許是正確的行為，但對於社會全體卻不是眾所期望的結果。

　　也就是說，個體經濟學中，衡量利潤最大化的行為，運用於總體經濟中，並不能達成整體利潤最大化。

　　再者，合成的謬誤正好適用日本少子化問題。若欲減少各個家庭的支出，抑制子女數方為上策。然而，就國家立場而言，少子化是導致經濟惡化的要因。就學習經濟學的立場來說，一直保有兩種審視角度來觀察是很重要的。

雖然節儉很重要，但不消費就不能讓經濟回溫

個人

為了家計，節儉很重要哦

國家

與金錢和金融
密不可分的經濟學

金融這個用語有著難以解釋的印象。為了理
解經濟學，本章針對金融相關必要用語進行
易懂的解說。

金錢對經濟是不可或缺的存在

我們每天都會接觸到金錢。在我們的社會裡它到底發揮怎樣的作用呢？
如果處於沒有金錢的社會裡會變得如何呢？

我們在日常生活中總是不經意地使用著金錢。倘若你的資產由土地、房屋、繪畫、純金、貴金屬、有價證券等各種形式的財產所構成，還是需要金錢。金錢可以支付勞動報酬、海外旅行、衣服、汽車等等，在**這世上所有存在的物品和服務的價值，皆能以相同單位進行衡量**。

貨幣是商品及服務價值衡量的標準

若處於沒有貨幣存在的社會中，會變成怎樣呢？交易恐怕很難成立吧。假設你手上有肉，但想要蘋果，此時你必須找到手上有蘋果且同時想要肉的人，否則就無法取得蘋果。解決這問題的最好方法就是發揮**貨幣功能**，是現今社會不可或缺的必要存在。

如果這世上沒有貨幣的話……

💿 **貨幣的存在才能使市場經濟發揮作用**

貨幣若不存在於社會中，若無法找到「相互對應的需求」想要的東西就無法入手。

經濟學 ⑤

02 金融是什麼？

¥

為使金錢的存在更有意義，並為經濟社會全體帶來豐足感的就是金融機構，也是個人和企業之間的重要橋樑。

金錢可以遍布世上各個角落並發揮其用。也就是說，**由有錢的地方流動至沒有錢的地方**，構成經濟社會發展的結構。此時讓金錢流動發揮作用的是金融機構，而所謂**金融**就是資金的供給與需求之間的調整。

金錢因為有金融機構才能流動運轉

◉ 金融的存在才能衍生金錢的流動

金融就是指資金需求和供給的調整，因此金融機構扮演推動金錢流動的角色。

金融機構是結合借款者和借出者，使資金產生連鎖性流動的專門機構。順帶一提，金錢反覆地由銀行貸出，就銀行全體而言，會**創造比最初收受的存款額高出幾倍的存款貨幣，這就稱為「貨幣擴張」**。

何謂金融機構的貨幣擴張？

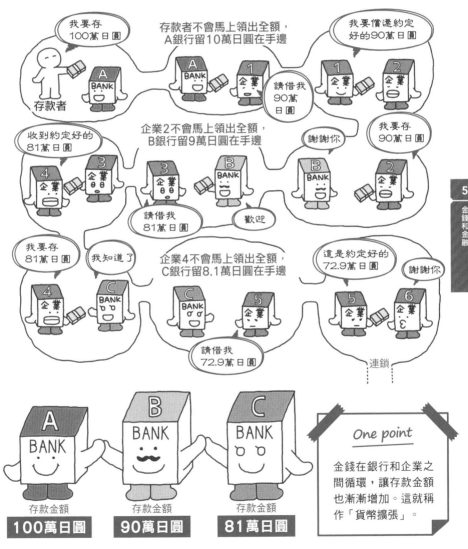

One point

金錢在銀行和企業之間循環，讓存款金額也漸漸增加。這就稱作「貨幣擴張」。

經濟學 ⑤
03 日本銀行
是怎樣的銀行呢？

任憑誰也知其名的日本銀行，不過出乎意料之外，他們從事的業務卻不怎麼被人們所了解，在此為各位解說日本銀行的三個重要功能。

我們時常耳聞日銀，亦即**日本銀行**，但您知道他們具體上在從事些什麼嗎？日銀就是日本的中央銀行（實施政策等等的銀行），主要有三種代表性的功能。首先為發行鈔票的功能。它擁有獨家的日本貨幣發行權限，且為了穩定貨幣，**也負責調節一國全體貨幣流通量的任務**。

日本銀行扮演的角色為何？

其次為身為民間銀行之總行的功能，可受理一般金融機構的存款和貸款。金融機構同業也能進行票據交換的轉帳結算。第三個功能是代表政府的銀行。日本銀行係根據日本銀行法所成立之特殊法人，**獨立於政府單位**，管理政府集中的稅金、因公債發行從國民調度而來的金錢等等，政府的資金亦可存款於此。

請幫我
存進這筆錢

BANK

**日本銀行的功能之②
身為民間銀行的總行**

抱歉，能借我
一點錢嗎？

好的

BANK

啪

政府

好的。
請交給我

One point

美國聯邦準備系統理事會（FRB）及歐盟27國當中使用歐元的19個會員國的歐洲中央銀行（ECB）等，世界各國及共同體也都與日本相同，設有中央銀行。

這是稅金。就像平常那樣存進去吧，連今天出售公債收到的錢也一起

**日本銀行的功能之③
代表政府的銀行**

經濟學⑤
04 何謂重貼現率？

一邊觀察景氣的狀況，並藉由控制金錢價值和總量，以調整經濟全體的均衡狀況，這是日本銀行發揮的重要作用之一。

前篇有提到日本銀行的功能之一，就是調節世間流通的金錢總量，以謀求流通貨幣的穩定性。就與其相關的代表性功能來說，可謂「**重貼現率**的操作」。所謂重貼現率就是指**日本銀行貸款予一般金融機構的利率**。（※自2006年8月以後，名稱有所變更，現在稱作「基本貼現率及放款利率」

「重貼現率」是穩定操作貨幣的方法之一

當景氣繁盛時，有越來越多的企業向銀行貸款進行事業投資。當景氣呈現過熱狀態，物價開始上漲，就可能有通貨膨脹的問題。日本銀行在這種情形下會提高法定貼現率，於企業進行借款時設法提高利率，稱作貨幣緊縮政策。反之，**當景氣變差時，日本銀行會調降利率，使流通於世間的貨幣總量增加**，稱作貨幣寬鬆政策。

日本銀行掌握穩定景氣和國內銀行的核心關鍵功能

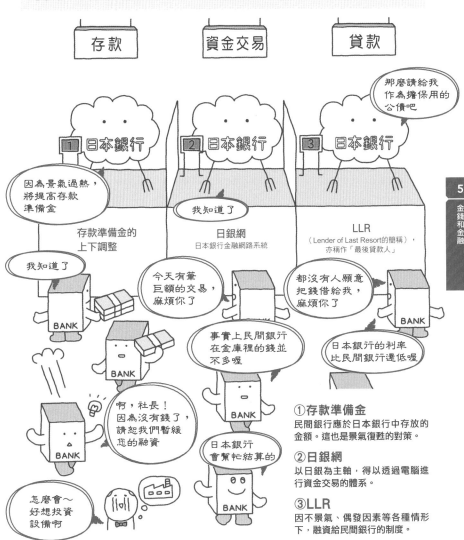

① 存款準備金
民間銀行應於日本銀行中存放的金額。這也是景氣復甦的對策。

② 日銀網
以日銀為主軸，得以透過電腦進行資金交易的體系。

③ LLR
因不景氣、偶發因素等各種情形下，融資給民間銀行的制度。

經濟學 ⑤
05 日本銀行的政策為何？

¥

對於國家而言，景氣的穩定化是相當重要的政策。這裡要與政府採行的財政政策作區別，為您解說日本銀行獨自實施的貨幣政策。

所謂「**貨幣政策**」是指日本銀行為維持景氣穩定施行的措施。與政府主導的財政政策有所區別。原則上，當貨幣過少時，經濟社會的經濟活動也會遲緩，反之過多時，景氣過熱會為環境帶來負面影響。前述的重貼現率操作為貨幣政策的一大支柱。然而，**自從金融自由化以後，將失去直接效果。**

以「賣出操作」與「買入操作」調整貨幣流通量

賣出操作

日本銀行會賣出公債等物給民間銀行。
賣出後金錢回流到日本銀行，
國內流通的貨幣因此減少。

另一方面，有個可以調節金錢流量的方法，稱作公開市場操作。景氣好時，**日本銀行會將公債賣給銀行（「賣出操作」）**，搜刮市面流通的金錢。不景氣時，會執行**「買入操作」，供給市場金錢**。此外，也有透過調升或調降銀行在日本銀行中的存款準備金率來為民間銀行放款予企業的資金量進行調整的政策（又稱為存款準備率操作）。

買入操作	日本銀行從民間銀行買進公債等物。金錢回流到民間銀行，國內流通的貨幣因此增加。

經濟學⑤
06 何謂信貸危機？

為了健全經濟社會的持續運作，金融機構必須維持住信用度。為此，設有一些機制，以防萬一。

經濟活動的大原則在於信任各個金融機構。假設明天你再也無法將所有放於銀行帳戶中的資產提出時，該怎麼辦才好呢？這時人們當然會想提出所有的錢。**一旦一家金融機構倒閉時，會為整體金融體系帶來負面影響**，陷入非常不穩定的狀態。為預防信貸危機，實際上設有數個保護機制。

一家銀行倒閉對整體金融體系帶來的負面影響

首先，為了保護存款者而設有存款保險機構，即當銀行倒閉無法發還存款時，代為發還存款的機構。而且，針對每個存款名義，存款保險機構都能返還最高達1000萬日圓的本金和倒閉之前應支付的利息。具有保證到期償付的制度。順帶一提，**日本金融廳會針對金融機構，進行執行業務和危機管理狀況等健全性的檢查**，以維持信貸安全。

保護存款者消除「信貸危機」的體系

經濟學 5

07 何謂金融危機？①

¥

隨著需求的增加伴隨著全體物價持續上漲的狀態稱為通貨膨脹，這是景氣好時引發的現象之一，但若是拖得太長的話……。

景氣繁榮時，對於商品和服務的需求也會增加，因此，物價也會上漲。如果企業和家庭收支的營業額或收入增加時，景氣就會呈現過熱狀態。物價像這樣漸漸上升就會形成**通貨膨脹**。此外，如果是每年以1～2%的和緩速度成長的通貨膨脹，使消費者的購買意願增加，此時則視為**經濟良性發展，成為理想狀態**。

需求高漲引起通貨膨脹

通貨膨脹過熱時，將會產生連鎖性的負面影響。例如，1萬日圓可以買的東西，須花2萬日圓才能買到，即金錢的價值被減半。物價的急遽上升也對經濟造成嚴重打擊。存在銀行的存款價值縮水，大家對金錢失去信任。**結果造成流通市場的金錢消失，最終陷入不景氣的狀態**。長期而言就是金融危機

通貨膨脹演變至不景氣

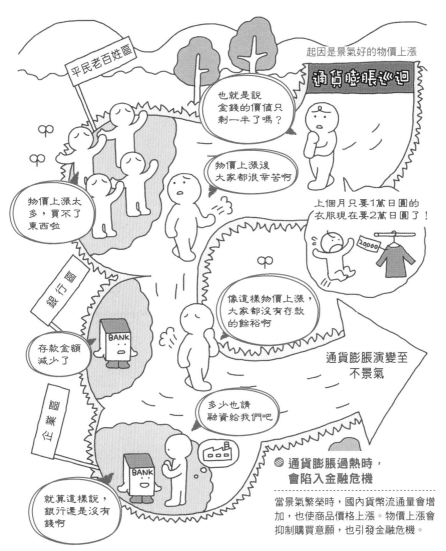

經濟學⑤

08 何謂金融危機②？

¥

和通貨膨脹相反，物價持續下滑的狀態稱為通貨緊縮。這對於經濟社會造成的負面影響極大，且無法輕易脫離。

所謂**通貨緊縮**，是指物品價格持續下降的狀態。就需求和供給的平衡來說，這就是**供給過剩（商品剩餘）所引起的現象**。通貨緊縮的原因，簡言之就是「商品賣不出去」。若商品賣不出去，企業為了刺激買氣而降低價格，就會讓企業的盈利變少，就整體面而言，員工的薪資也因此降低。

通貨緊縮的原因涉及許多方面

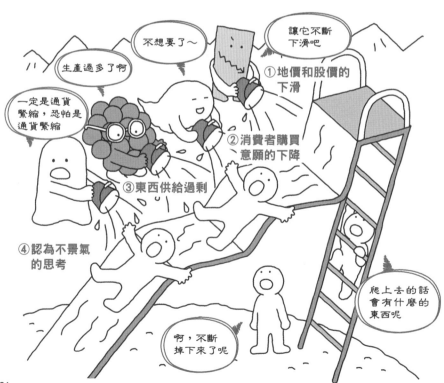

當物品賣不出去時，物價就會慢慢下降，企業的收益也會惡化。負面影響可能波及該公司工作的員工、造成收入減少或解雇等情勢發生。像如此**負面現象連鎖發生，造成物價持續下跌，又稱作「螺旋型通貨緊縮」**，一旦進入緊縮狀態，只會越來越惡化，難以停損。

螺旋型通貨緊縮綿延不絕

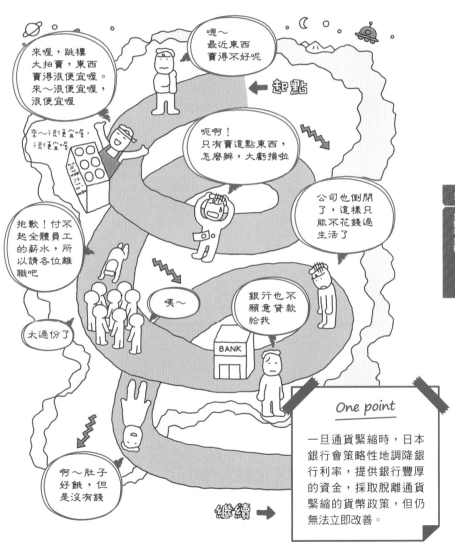

> ### One point
>
> 一旦通貨緊縮時，日本銀行會策略性地調降銀行利率，提供銀行豐厚的資金，採取脫離通貨緊縮的貨幣政策，但仍無法立即改善。

經濟學 ⑤

09 通貨膨脹是令人感到困擾的嗎？

通貨膨脹在景氣好時會發生，在不景氣時也會發生。在經濟學的見解上，理想上最好為和緩的通貨膨脹。

日本經濟於1970年代石油危機時，曾經經歷過利率為20%以上的通貨膨脹。其後，進入1990年代，物價水準下跌之後有通貨緊縮的傾向。事實上達成和緩的通貨膨脹是最理想的，**日本銀行以實現2%的通膨率為政策目標**，不過實際上並不容易實現。本書第124頁中也有提及，因為需求量的增加，讓生產量無法跟上供應所引起的通貨膨脹是在景氣繁盛時發生的，視為**良性通貨膨脹**。

良性通貨膨脹和惡性通貨膨脹

良性通貨膨脹

使經濟活絡化，需求多於供給的狀態。物品價格也會上升，因為人們的收入也有增加，為經濟上理想的狀態。

One point

實際上，通貨膨脹為市場欲從不景氣狀態下復甦時常發生的現象，它其實是經濟良性發展的一個印證。

另一方面，當工資及原物料費用等成本上升而造成通貨膨脹，並於景氣不佳發生時，稱為**惡性通貨膨脹**。再者，隨著通貨膨脹率加速，**每個月通貨膨脹率超過50%，以猛烈的速度暴漲，稱為「超通貨膨脹（hyperinflation）」**，造成經濟活動混亂，為惡性通貨膨脹的典型。無論哪種狀態下，穩定物價都是經濟政策的目標之一，價格變動劇烈的不穩定通貨膨脹並非大家所期待的。

一言以蔽之，通貨膨脹也有很多種類

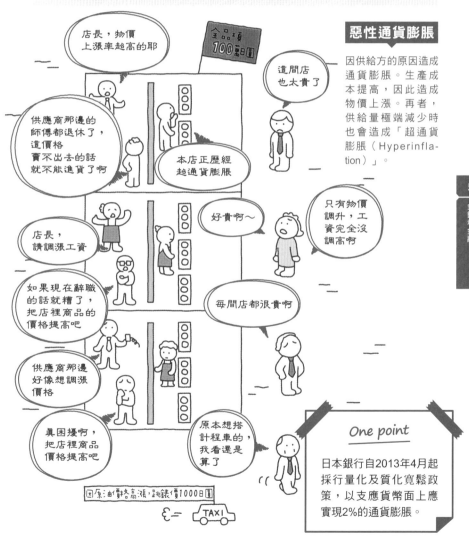

惡性通貨膨脹

因供給方的原因造成通貨膨脹。生產成本提高，因此造成物價上漲。再者，供給量極端減少時也會造成「超通貨膨脹（Hyperinflation）」。

5

金錢和金融

One point

日本銀行自2013年4月起採行量化及質化寬鬆政策，以支應貨幣面上應實現2%的通貨膨脹。

經濟學⑤ 10

泡沫經濟
是什麼意思呢？

日本銀行主導的重貼現率下降而造成日本泡沫經濟，引發人們魯莽地不斷進行土地和股票投機活動，政府的對策是……。

1985年9月，根據廣場協議，當時原本1美元兌換240日圓，在2年半後匯率急速升值至120日圓。日本立刻遭受日圓升值的不景氣。憂慮情勢惡化的日本銀行將重貼現率進行五次調降，調降至最低水準。結果使過剩資金流向社會，而從金融機構**獲得低利率融資的企業也開始將剩餘資金進行理財投資**，這也是**泡沫經濟**的主要成因。

泡沫經濟開端至終結的過程

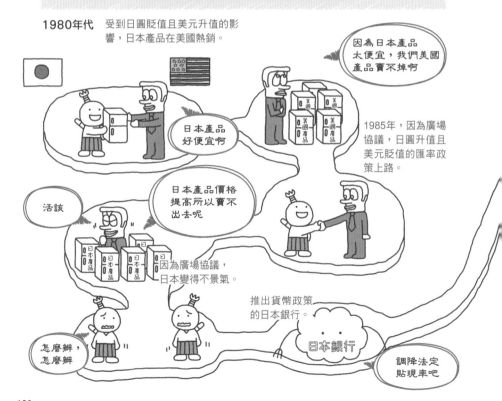

人們先將目光集中於金融市場，接著土地開發又引起地價暴漲，效應波及至全國住宅區。如此一來，企業和個人也會開始投資土地、股票、美術品等資產，並以帳外資產作為擔保，融資後再進行投資，如此魯莽的投機心態在全日本蔓延開來。這就是日趨通貨膨脹的泡沫經濟，**人們被毫無依據的好景氣所迷惑**，隔年泡沫破滅，一路**崩壞**垮台。

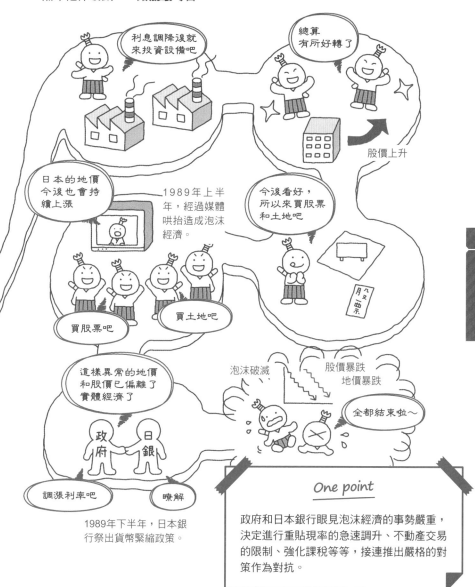

利息調降後就來投資設備吧

總算有所好轉了

股價上升

日本的地價今後也會持續上漲

1989年上半年，經過媒體哄抬造成泡沫經濟。

今後看好，所以來買股票和土地吧

買土地吧

買股票吧

這樣異常的地價和股價已偏離了實體經濟了

泡沫破滅

股價暴跌地價暴跌

全都結束啦～

政府 日銀

調漲利率吧

瞭解

1989年下半年，日本銀行祭出貨幣緊縮政策。

One point

政府和日本銀行眼見泡沫經濟的事勢嚴重，決定進行重貼現率的急速調升、不動產交易的限制、強化課稅等等，接連推出嚴格的對策作為對抗。

經濟學⑤
11

為何日本
會面臨通貨緊縮呢？

日本通貨緊縮的背景在於泡沫經濟崩壞後的留下的後遺症。對於日圓升值、少子高齡化等經濟社會的諸多問題不能坐視不管。

日本經濟長期以來深受「通貨緊縮」所苦，難以走出困境。這樣的通貨緊縮原因，簡言之是因為「商品賣不出去」，一旦商品賣不掉，店家為了要吸引消費者購買就得降低價格。再者，店家的利潤減少也造成經營規模縮減，進貨材料不得不減少。這樣的負面連鎖效應就就稱為「**通貨緊縮引起景氣衰退**」。

日本的連鎖性通貨緊縮會持續至何時仍未明朗

● 日本泡沫經濟崩壞後
　通貨緊縮也持續發生

勞動的工資減少的話，也會連鎖性地造成企業和人的資產減少。日本目前仍處在這漩渦中。

此外，在物品價格下降時，企業會想盡辦法賺取利潤。因此，工資也很難得調漲，當賺錢變得辛苦時，會變成「不消費，多儲蓄」。在此狀況下，企業也是如此，不進行投資而只儲蓄，不再朝新事業發展邁進。正因為如此，為**阻止通貨緊縮引起景氣衰退，政府應設法採行各種對策。**

通貨緊縮引起景氣衰退對策上應通過的門檻考驗

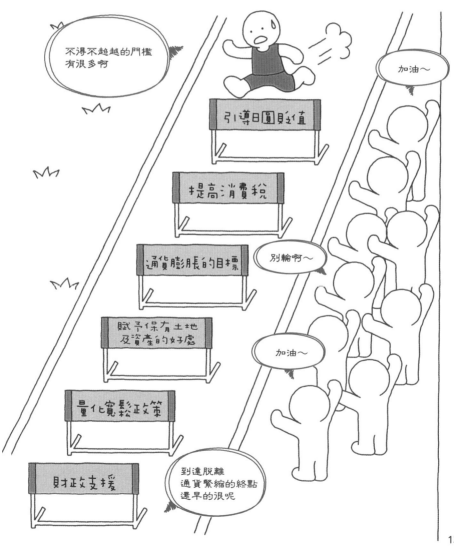

12 何謂安倍經濟學？

¥

因為人們對經濟成長的高度期待而引發話題熱議的安倍經濟學，其實是根據經濟學理論的政策，吸引有識之士的關注⋯⋯。

將經濟政策視為最重要方針的安倍政權，推出以**大膽貨幣寬鬆政策、靈活的財政政策、成長戰略作為基石的「三支箭政策」**。這就是**安倍經濟學**的主要方針。事實上安倍經濟學是效法經濟學理論而衍生的政策。目的在於經濟成長、也就是擴大GDP。為此，於財政政策方面採用政府公共事業、減稅，以及由日本銀行進行公債收購的貨幣寬鬆政策。

安倍經濟學的通貨緊縮解決策略

①大膽貨幣寬鬆政策

至達成通貨膨脹率上升2％以前，採取量化寬鬆貨幣政策。

②靈活的財政政策

增加磁浮列車、道路、橋梁等公共基礎建設事業。

③鼓勵民間投資的成長戰略

機器人產業及宇宙事業等新興產業的創設。

所謂**貨幣寬鬆政策是指中央銀行（日本銀行）調降利率，讓人們和企業容易貸款的政策**。一旦利息調降，資金調度較為容易，也使消費者的房屋貸款容易辦理，還讓企業更方便投資事業。這個是個藉此讓大眾消費增加，景氣得以觸底反彈的方法。

「貨幣寬鬆」的通貨膨脹目標政策

來吧

打出貨幣寬鬆的球，
讓消費活絡化，
景氣也變好吧

增加
國民所得

貨幣
寬鬆政策

活絡
投資消費

低利率

One point

以2018年的狀況而言，占國內生產毛額（GDP）約6成的個人消費能力依然不佳，無法從通貨緊縮的現況脫身。穩健的加薪及消解對未來的不安感將會是關鍵所在。

column no.05

長時間勞動
在經濟上是合理的嗎？

　　日本人年度平均勞動時間至1970年代為止超過2000小時，目前已減至1800小時。數字上與歐美各國沒有太大差別，表示日本人與其他國家的人相比起來，並沒有工作較多。但是平均勞動時間的減少是因為兼職打工等非正規雇用人的比例增加、「義務加班」等不支付加班費的勞動時間也包括在內，所以無法一概以平均勞動時間減少而論之。

　　再者，工時過長威脅到健康，因為身體變差而無法工作的人持續出現，也會影響到日本整體的經濟。

　　只是在經濟學的觀點上，長時間勞動對於勞動者或企業本身來說確實具備經濟合理性。舉例來說，實收20萬日圓的勞動者若能獲得加班費4萬日元，即為薪資提升20%。反之，企業因景氣差等原因不得不減少人事成本時，若不進行人員削減的話，改為削減加班費就能讓成本下降20%。

Chapter

6

瞭解全球化經濟結構

近來時有耳聞「全球化」這個名詞。現在，

為您簡單地說明它與經濟學的相關性。

經濟學⑥

01

沒有貿易
我們的生活無法運作

貿易可說是日本經濟的中樞。除了提供每日生活所需的食材以外,也是支撐產業基盤的重要流通管道。

對於和國民總數相較之下,食材等諸多天然資源相對匱乏的日本而言,與世界各國之間的**貿易是經濟發展上不可或缺的**。如果沒有貿易,我們現在的生活完全無法運作下去。食品的進口完全停頓,過著煩惱下一餐在哪裡的日子。再者,出口一旦停頓,工業產品的出口產業也會遭受重大打擊,讓日本經濟陷入低迷。

貿易就是將各國自豪產物拿來傳接球

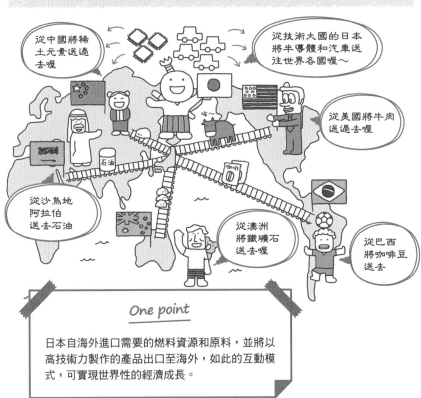

從中國將稀土元素送過去喔

從技術大國的日本將半導體和汽車送往世界各國喔～

從美國將牛肉送過去喔

從沙烏地阿拉伯送去石油

石油

從澳洲將鐵礦石送去喔

從巴西將咖啡豆送去

One point

日本自海外進口需要的燃料資源和原料,並將以高技術力製作的產品出口至海外,如此的互動模式,可實現世界性的經濟成長。

接下來，針對貿易給社會所帶來的利益進行說明。關於某物品的需求和供給的關係，從貿易開始之前與貿易開始以後進行比較會較為簡單明瞭吧！照慣例，一旦貿易開始後，貨物流通量會增加，故該物品的價格會下降。**國內的生產者不得不與其他便宜的外國產品一起競爭**。另一方面，消費者也可以買到更便宜的商品。從事貿易後讓社會整體都受到正向的影響。

依出口而生成的全新市場

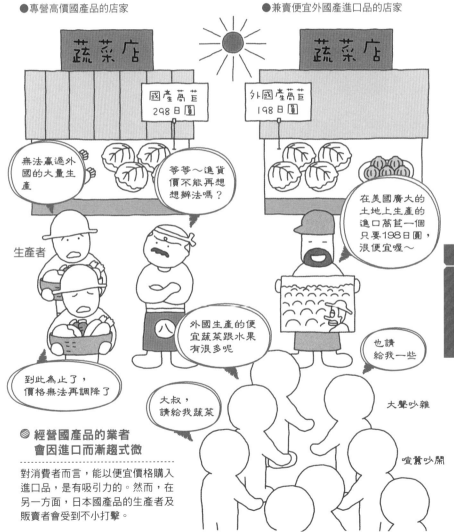

●專營高價國產品的店家　　　　　　　　●兼賣便宜外國產進口品的店家

蔬菜店　　　蔬菜店

國產萵苣 298日圓　　外國產萵苣 198日圓

無法贏過外國的大量生產

等等～進貨價不能再想想辦法嗎？

生產者

在美國廣大的土地上生產的進口萵苣一個只要198日圓，很便宜喔～

外國生產的便宜蔬菜跟水果有很多呢

到此為止了，價格無法再調降了

也請給我一些

大叔，請給我蔬菜

大聲吵雜

喧囂吵鬧

◎ 經營國產品的業者會因進口而漸趨式微

對消費者而言，能以便宜價格購入進口品，是有吸引力的。然而，在另一方面，日本國產品的生產者及販賣者會受到不小打擊。

經濟學⑥ 02 貿易的基本考量為何？

想要於貿易中獲利，必須考量與他國之間相對的生產性，對自己國家來說，能生產高效率的產物方為上策。

各國與各國企業應各自將自己國家擅長生產的產品出口至其他國家。此為英國古典經濟派經濟學家大衛·李嘉圖所提倡的「**比較優勢原則**」，舉例說明如下：日本和加拿大各自都可以生產蘋果和葡萄。不過這兩種水果，加拿大比起日本能生產更多的產量。

何謂比較優勢原則？

與對方比較，較為優秀之處，
在經濟學中稱為「絕對優勢」

也就是說，加拿大擁有絕對優勢。不過兩國的相對生產性也不同，該如何處理呢？這時就要進行**減少生產1單位的蘋果，可增加生產多少單位葡萄的調查**。加拿大比起日本還能生產更多的葡萄，反之，日本如果減產1單位的葡萄，就能比加拿大生產更多的蘋果。此時，加拿大在生產葡萄上占有比較優勢，而日本在生產蘋果上占有比較優勢。

經濟學❻
03

從事貿易時，
主要使用的貨幣為何？

於全世界的交易中被廣為使用的中心貨幣，是因該發行國的經濟面和軍事面都相當強大而被認定的證明。那麼目前是使用哪國的貨幣呢？

所謂「**主要貨幣**」，是指於世界金融及貿易交易中主要運用的金錢。若回顧過往變遷過程，自19世紀中期至20世紀初期都是以英磅作為主要貨幣。而**第2次世界大戰後，美元壓倒性地被人們所使用**。這是全世界都認定美國在經濟上和軍事上為強國的同時，美元作為國際性貨幣也很穩定的一種象徵。

「主要貨幣」的一般使用流程

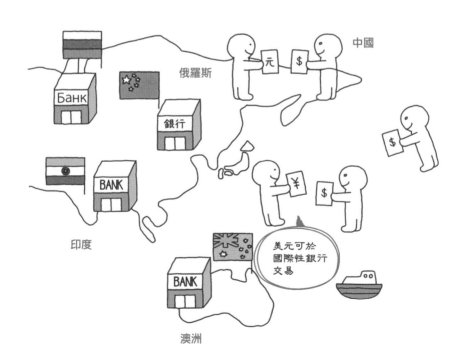

主要貨幣有三個功能。首先為**運用於國際間的貿易和資本交易、其次為成為各國貨幣的價值標準、最後為各國視為對外準備資產而持有**等功能。主要貨幣並非經過協議而決定的，而是符合「政治面、經濟面上的穩定狀態」、「存在已發展的金融和資本市場」、「無對外的交易限制」等條件，因而被廣為使用。

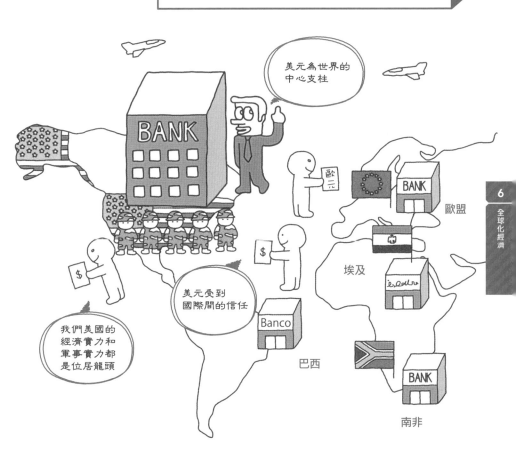

One point

美元不只為目前美利堅合眾國國內的流通貨幣，在國際間的貨幣交易上也扮演著貨幣交換的角色。此外，在國際的總體經濟上也發揮穩定匯兌、物價的作用。

美元為世界的中心支柱

我們美國的經濟實力和軍事實力都是位居龍頭

美元受到國際間的信任

BANK

歐盟

埃及

巴西

Banco

南非

6
全球化經濟

經濟學⑥

04 日本貿易發展順利嗎？

一國的企業與個人於其他國家的收付紀錄稱為「國際收支」。近年來日本的「經常帳」虧損也成為了話題……。

關於日本與海外諸國之間的經濟交易，代表全體的統計數值稱為「**國際收支**」。國際收支可分為兩大部分。首先為「經常帳」，這是由貿易和服務的進出口構成。而「資本帳」為股票、債券、不動產的買賣收支。再者，經常帳可分為「貿易收支」、「服務收支」、「所得收支」等。而資本帳主要由「直接投資」與「證券投資」等投資收支所構成。

國際收支與公司決算類似

喂～經常帳部長、資本帳部長，我們公司的收支狀況如何？

因為投資海外，所以目前是虧損

投資是很重要的

經常帳部長

汽車的出口非常的賺錢！

資本帳部長

不錯喔

雖然也有虧損的單位，不過整體來說是呈現正向

國際收支

● 應掌握外國交易是損失還是利得

所謂「國際收支」是指外國的交易相關金錢收支動向。換句話說就是與「公司的決算」相同。

日本自2011年以來一直持續呈現貿易逆差（進口比出口還多的狀態）。2016年和2017年轉為貿易順差。另一方面，在資本收支的部分，日本投資相當多的對外資產，像是股票、債券、不動產等等，而海外對日本的投資較少，呈現大幅度的逆差。因此從投資面來看，可以說是**從日本流出的資金（支出）多於流入日本的資金（收入）**的狀態。

近年來日本貿易收支一直是逆差狀態

經濟學 ⑥
05

美國貿易
發展順利嗎？

事實上，長期都持續著貿易逆差狀態的美國，是靠著失衡的資本流入來支撐經濟的。實際的情況究竟是什麼樣子呢？

也許很多人感到意外，世界上最大的經濟大國**美國一直持續著貿易逆差**的狀態。也就是說，進口比出口更多，而且在2017年到達時隔9年的高峰。那麼，為何美國的經濟能照常維持呢？**那是因為有龐大的資本流入，因此得到經濟支援**。當然，這樣的狀況，對美國經濟來說不能說是健全的。

即使貿易逆差也不會造成美國經濟破產的原因

再來要談有關美國於1980年代初期的貿易順差。也就是說，美國是即使30年以上**都需借款持續消費，但某種意義上也是藉此維持的國家**。難說貿易逆差在經濟上代表嚴峻的狀況，但美國經濟至今仍持續成長中。不如說，雖然日本持有美國的公債在全世界中是最多的，但實際上能使用的金額並沒有增加。

1分鐘了解「次貸危機」

次貸危機成為導火線是起源於2008年的雷曼兄弟事件。破產的雷曼兄弟控股公司的負債總額高達6130億美元（換算為64兆日圓）。除了造成美國經濟的混亂，也讓國內消費大幅減少。不過也因為國內消費的減低，也使該年度的貿易逆差縮小。

06 何謂日圓升值和貶值？

時有耳聞的日幣與美元的匯兌匯率，僅僅數日圓的落差也能產生急遽變化，對於企業及國家經濟狀況有著大幅的變動影響。

每天都會在新聞中看到日幣與美元匯兌匯率的報導。即便是不瞭解經濟的人也曾聽過「**日圓升值**」、「**日圓貶值**」這兩個名詞吧！那麼具體上，有何優缺點呢？首先，**日圓升值的最大優點在於能以便宜價格購入進口物品和服務**。企業購買進口物品進行生產活動時，生產成本會較為便宜。對一般人的生活來說，若外國流通貨幣能以較便宜的價格兌換的話，海外旅行也會更加划算。

日圓升值或貶值的優缺點

148

日圓升值時，國內的出口廠商會受到嚴重影響。外國貨幣（主要為美元）的賣價若沒有變化，日圓升值的部分就會讓收益減少。一旦日圓升值時，進口原物料時會有好處，而於出口該商品時，會蒙受損失。因此當日圓升值時，以縮減生產費用為目的，將生產據點遷移至海外的企業也在增加中。

經濟學❻

07 何謂經濟整合？

跳脫國家框架進行活動，以開放經濟和市場整合為目標的趨勢潮流正在
加速中。這種活動的優點和缺點為何？

所謂**經濟整合**，是指將各國之間於經商時相關的關稅、規章、投資和人們的跨
國遷移等限制廢除，創造相互合作的地域性經濟區。舉例來說，將**貨幣整合**考
量在內，於1993年成立的歐盟，便是以歐洲各國的政治經濟整合為目標，並
於**1999年實際導入歐元作為共同流通貨幣，使歐洲經濟得以活絡。**

歐洲為經濟整合的先驅

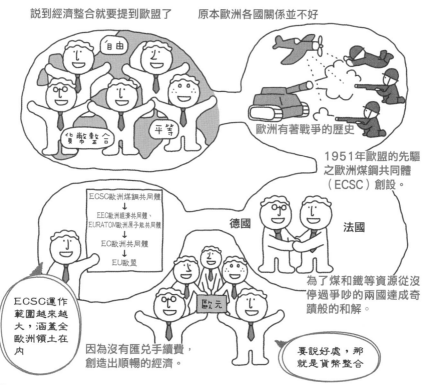

然而，**經濟整合**並非只有好處，也會有缺點存在。由於在整合地區內使用相同的流通貨幣，無法配合各國的經濟狀態施行各自的貨幣政策（景氣對策）。再者，近年來就如希臘面臨的經濟危機，**也出現了某個國家因不景氣而對其他國家造成負面影響**的情況。

也有負面影響一口氣擴大的缺點

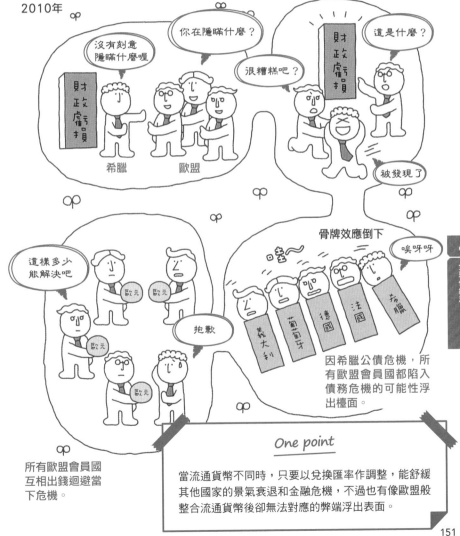

當流通貨幣不同時，只要以兌換匯率作調整，能舒緩其他國家的景氣衰退和金融危機，不過也有像歐盟般整合流通貨幣後卻無法對應的弊端浮出表面。

08 TPP也是全球化的一環

貿易國日本為了與其他諸國交易時取得有利的條件，而決定參加TPP（跨太平洋夥伴協定），但決策者是否知道有大受衝擊的產業存在呢？

目前日本的**主要貿易對象國依序為中國，ASEAN（東南亞國家協會）、美國及歐盟**。日本與ASEAN簽定的FTA（自由貿易協定）與EPA（經濟夥伴協定）並不足夠，仍未能與各國之間相互達成自由貿易。順帶一提，日本在工業產品出口的競爭對手韓國，已與美國和歐盟簽訂FTA和EPA協定。

日本於FTA協定與EPA協定中的立場

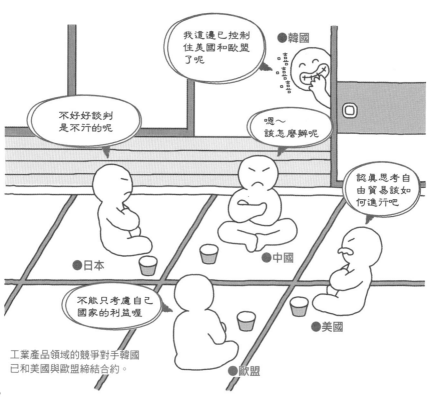

工業產品領域的競爭對手韓國
已和美國與歐盟締結合約。

因此，日本和韓國相較之下，在貿易面不得不接受較為不利的關稅稅率。這邊要留意的是**TPP**（跨太平洋夥伴協定）。**TPP協定規定參加國家的貿易商品中95%的商品必須廢除關稅**。雖然參加的國家當然有望在出口量上獲得成長，還能從各國引進便宜的商品，但也有導致白米等日本農產受到強烈衝擊危機的情況。

TPP協定為世界首屈一指的自由貿易圈

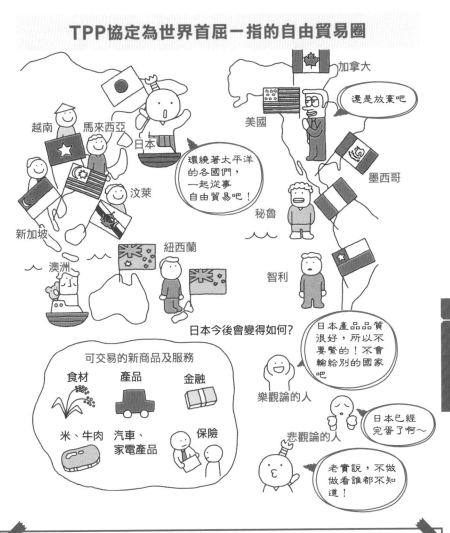

6

全球化經濟

One point　2017年1月美國川普總統簽署總統令退出TPP。而該協定的生效須由美國所批准承認，故之後的TPP協定尚未生效。

※編註：TPP於美國退出的同年改組為「跨太平洋夥伴全面進步協定」（CPTPP）。

經濟學❻
09 WTO在做什麼呢？

世界貿易的管理者「WTO」是以推動自由貿易為目標的國際機構。最初是為了檢討外交關係惡化引發戰爭而成立的。

第二次世界大戰後，主要經濟國佔據出口市場，造成外交關係惡化，**GATT（關稅暨貿易總協定）也是基於反省引發戰爭的事件而成立**。GATT的目的在於降低關稅，以朝向自由貿易之路為目標。其後，承繼GATT的任務，**WTO**（世界貿易組織）於1995年成立，至2017年，共有來自世界各地的164個國家為加盟國。

「WTO」是以自由貿易為目標的國際性組織

GATT協定中即使有違反協定的國家，也沒有權限制裁他們。WTO基於這點進行檢討反省，因此被賦予如同法院的制裁機能，以自由貿易為目標，確立國際規則並持續營運下去。WTO的加盟國將齊聚一堂商討貿易規定。自2001年起就討論過農業問題、投資、服務面的規則等，涉及多樣化的領域，不過**加盟國之間的隔閡深化，使營運無法順利進行**。

WTO現狀也有課題需要克服

召開會議前

開發中國家

已開發國家

可以用更便宜的價格出口對吧？

每100公克1日圓喔。

噯，我知道了

不答應的話就揍你喔？

開發中國家的雞肉每100公克以1日圓出口，沒有異議吧？

沒有異議

沒有異議

WTO

好的……

沒有異議

沒有異議

One point

WTO就是「自由貿易」（降低關稅、數量限制原則之禁止）、「無差別待遇（最惠國待遇、國民待遇）」、「多角化經營體制」等，各國可平等地從事貿易活動。

WTO的會議決議一定得全場通過才行。不過，背地裡已開發國家和開發中國家之間仍有著不平等交易，這是一項待解決的課題。

經濟學⑥
10

何謂貿易
與地理之間的關聯性？

為解開經濟學與地理學之間的關聯性，必須先從定義上作了解。可從一國的貿易進行邏輯分析以窺知一定的法則。

自古以來，經濟學領域便將經濟學和地理學合稱為**經濟地理學**，並且有相當多的相關研究。舉例而言，某國的某產業有專業化生產，亦為該國主要貿易產品，主要是受惠於該國的地理條件。各國所持有的土地各有不同特性。光憑這點來看，**物品的流通、配銷方式等部分也必須思考地理層面的要素**。

比較優勢不能成為從事貿易的唯一理由

在傳統的貿易理論中，只會將比較優勢當作貿易的原因。然而，1980年代以後，也有研究認為消費者多樣性的嗜好和貿易是有相關的。

另外也有其他不同的觀點。例如在鋼鐵產業中，進行越大規模的生產就越能提升效率。因為鋼鐵為重工業，有必要對於工廠和機械類進行大規模的投資。也就是說，**最初著手進行的國家於成本面上佔有優勢**，而其他國家難以效法，於是該國就在鋼鐵出口上佔有支配性的地位。

先驅者持有成本面的優勢就是勝利者

◎ 先驅者利益原理也需要國家的支援

1947年，戰後不久的日本政府投入龐大金額投資必要的鋼鐵和煤炭事業。因龐大資金的投入，成為日本達成奇蹟似經濟復甦的原因之一。

經濟學 ⑥
11

何謂公平交易？

為幫助貧窮國家的生產者所採取的配套措施，即為公平交易原則，此舉迅速流傳開來，為持續性的國際間合作模式。然而，其中也有部分未能解決的問題。

所謂**公平交易**（Fair Trade＝公平貿易），是指在開發中國家中種植和生產的農作物及產品能以合理公平的價格進行持續性的交易，以**支援生產者持續提升生活品質的制度**。傳統的國際間合作和資金的援助，都會被提供援助方本身的利益所影響，演變成合作無法持續下去的問題點。相對於此，公平交易就能藉由消費者本身購入自己喜歡的商品來達到效果，形同在日常生活中就能完成國際間的合作行為。

讓良好循環持續深耕的「公平交易」

農民參加公平交易計畫就能有最低價格的保證，代價是應遵守勞動條件及環境的相關標準。根據基本規定，貧窮國家生產農民的所得，是屬於能抑制隨著市場價格起伏而變動情形的結構制度。再者，公平交易上仍有未解決的問題。以現況來說，比起農民，更貧困的是**沒有資產也沒有農田的日僱勞動者**。

One point

公平交易認證產品市場，咖啡佔了最大的比例。而巧克力的原料可可豆、棉花製品、香蕉、香料等也有增加的傾向。

不正當的交易讓孩子們無法接受教育，面臨更加重的貧困狀態。

雖然我們在種可可樹，但從來沒吃過巧克力

感覺品質有點差耶。那收購價算你1個5日圓吧

非政府組織員工

NGO

我看不懂字

對不起

咦～

你這像伙，看到這狀況不覺得很可憐嗎？

弟弟從樹上掉下來死掉了

我想用功讀書變成有錢人

我想去海外留學

和之前比起來品質變好，生產也變穩定了呢

是的！

今後開發中國家會如何發展，真令人期待

我想讓這個國家變得更強盛

以合理價格交易，對於開發中國家的生產面和教育面會帶來許多益處。

column no.06

勞動流動性
也走向全球化趨勢

　　日本的勞動流動性的顯著例子可舉農業市場為例。1960年至1975年的高度經濟成長期時，務農人口從1310萬人減少至656萬人。由於務農者期望高工資，轉行至成長顯著的第二級產業及第三級產業。

　　再者，如此的轉行現象即使超越國境也有可能發生。也就是說，工資低下國家的人民會因為追求高工資而遷移至其他國家。此情況下，雖有語言溝通的障礙、文化差異、政治及宗教的差異等各式各樣的問題，但如同物品及金融國際市場的擴大，人們認為勞動流動性依照應對方式不同，也能帶來正面效果。

　　舉例來說，若少子高齡化日漸嚴重的國家接納外國勞工，可確保勞動力，並成為經濟成長的支柱。實際上，作為全球化趨勢的一部分，ASEAN也針對勞動流動性政策進行活躍的討論。

政治與經濟之間
的關係為何？

或許很多人會認為政治與經濟乍看之下並沒

有什麼關係。其實兩者之間關係密不可分。

本章將為您解開兩者之間的關聯性。

01 政治會被 經濟所左右的理由

肉眼無法察覺的景氣波動，實際上存在著被政治誘導的現實面。透過執政黨和有權人士之間的關係所觀察到的景氣循環週期，其內幕為何？

政治和經濟兩者之間存有密切的關係。您知道「**政治景氣循環理論**」嗎？當一個選舉結束，到下個選舉開始時的期間內，會構築一定的景氣循環週期。直截了當地說，就是選舉前會讓景氣回升，使執政黨能獲得更多民眾的支持。當贏得選戰後，態度會180度大轉變，開始實施貨幣緊縮政策，讓景氣熱度降溫。**當選舉將近時，又施行刺激景氣政策，讓景氣再回到繁榮盛況。**

選舉前景氣會回溫

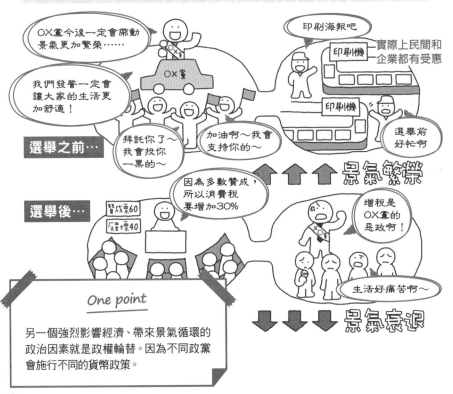

One point

另一個強烈影響經濟、帶來景氣循環的政治因素就是政權輪替。因為不同政黨會施行不同的貨幣政策。

只是，若是想藉由刺激景氣的政策來促使經濟繁榮時，民間的經濟主體有必要信任政府的行動。政府不論擴大多少公共事業，若民間投資和消費低落，也會抵消掉景氣對策的效果。再者，為了刺激民間需求，需要**給予意料外的衝擊**等，設計能夠誘發需求的方針才是關鍵。

貨幣政策以意料外的方法催生成功

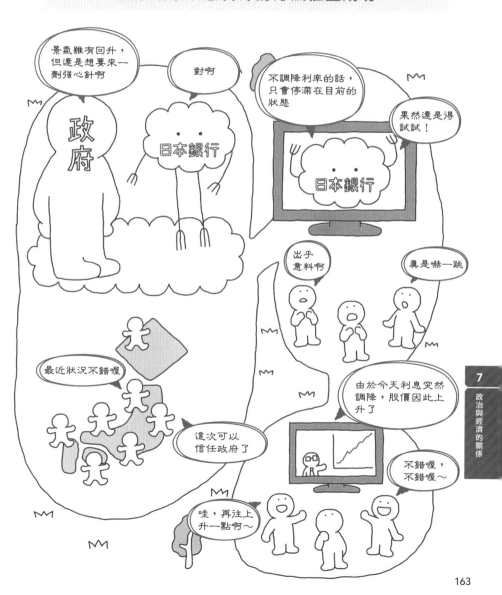

經濟學❼

02 經濟政策的執行 一定會延遲嗎？

即使政府為了謀求經濟的改善及穩定化而推出政策，就現實層面來說，狀況不會立即改善，反而會衍生各種事由。

一旦政府開始實施經濟政策，實際上也有可能發生時間上的延遲。**政策的延遲**可分成以下三個原因。首先為「認知的延遲」。這是施政當局在認定某經濟狀態發生之前的時間落差。其次為「實行的延遲」。若認定有必要發動政策時，在施行之前需要在調整等層面花費時間。最後為「效果的延遲」。

經濟政策延遲的機制

One point 　若順利實施貨幣政策，需要一段時間才會顯現效果，這是因為即使利率變動，企業的投資意願及家庭的消費意願也不會立刻改變。

要能正確地預測這樣的政策延遲是相當困難的。除了因應狀況採取衡量式政策，也出現了根據規則來運用政策的論點。這就是「**衡量與規則**」的問題。**站在凱因斯的立場，認為衡量後採取積極的政策介入**是最好不過的了。對此，**新古典學經濟學派也重視規則的穩定性**，以儘可能不要出現時間落差作為考量點。

現今仍無正確解答的「衡量與規則」

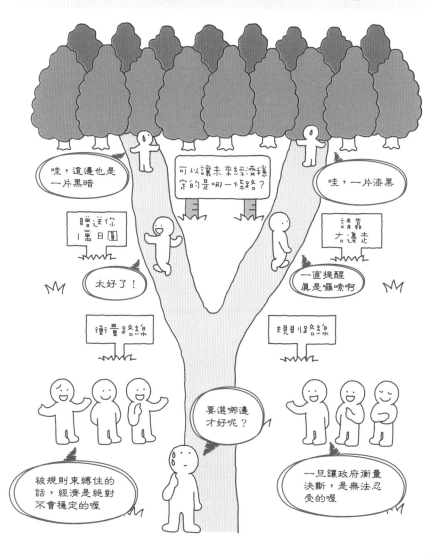

經濟學❼
03 形成格差社會
的理由為何？

實現一億總中流（一億人中產階級）的日本，在泡沫經濟崩壞以來，無論
再怎麼努力，也無法讓生活變得輕鬆，衍生惡性循環的法規也是原因。

在所得等處的差距無法憑個人努力彌補，越想背道而馳，越往階級化邁進的
社會就稱作格差社會。自泡沫經濟崩壞後，持續性的通貨緊縮日益嚴重，昔
日日本景氣盛況與現今狀況已不可同日而語。結果造成**越努力工作越無法脫
離貧窮，並出現所謂的工作貧窮階層**。根據國稅局的「民間薪資實態統計調
查」，和1997年尖峰時期相比，2009年的平均年收入約下滑61萬日圓左右。

日本格差社會的結構

有一說認為造成格差社會的原因之一是「**勞動者派遣法**」。以企業而論，僱用派遣員工有著比正式員工薪資更低的好處，但也有派遣公司因為本身狀況將勞工解雇，形成不穩定僱用形態的可能性，更因為競爭激烈而使違法的派遣行為層出不窮。讓社會中有越來越多保護勞工及加強取締的反彈聲浪出現。

One point

依據勞動者派遣法，派遣人力業界正急速成長，於2000年達到1.7兆日圓，並於2005年達到4兆日圓的產業規模，也因此創造出以非正規雇用形式找來的新人力階級。

經濟學❼

04 為何需導入消費稅呢？

對於伴隨景氣衰退而來的迫切性國家預算增補模式，有必要將過往的稅收狀態進行適當的調整。消費稅就是其中一環。

稅金可分為兩大種類。首先是直接稅，意指向個人或企業徵收的所得稅和法人稅等稅金。另一個叫作間接稅，這包括菸酒稅、**消費稅**等等與消費物品及服務時的支付有關的稅金。檢視國家的稅收結構時，會以「直間比率」表示直接稅和間接稅的比率。**2015年日本的國稅大約由6比4的直間比率**所構成。

直接稅和間接稅所構成的稅收

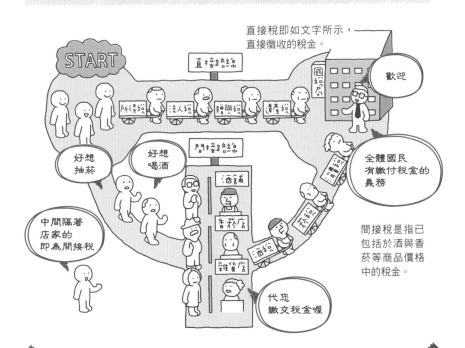

One point　目前國稅的直間比率大約為6比4，而國稅和地方稅合計的比率約為7比3，若只看國稅的話，間接稅所占的比率也會增加。

近來經濟成長遲緩，對於少子高齡化等勞動人口的減少也令人感到憂心。當然勞動人口減少的話，稅收也會減少。而且今後的醫療費和福利補助支出也會急速增加，對於國家預算抱持的不安日與俱增。這時導入的就是消費稅。學習歐洲的已開發國家，將消費額以比例的方式，作為間接稅來分攤。**消費稅的稅收不會受到景氣的影響，可作為政府穩定的財源。**

為何調高的是消費稅，而不是所得稅呢？

勞動世代

年輕人　　　　　　　　　　　　　　老年人

繳交所得稅的人們
在不景氣時，所得稅的稅收會減少。

消費稅能夠被普遍地徵收，
而且不會受景氣所影響！

這麼說來的確是

消費稅是穩定
及平等的
稅務制度

原來如此

經濟學 ⑦

05 將來領得到年金嗎？

以往領取年金被認為是理所當然的。然而隨著時代和經濟的變遷，人們對於目前的制度瓦解崩盤感到擔心。存在於這種背景下的問題為何？

日本自1961年起實施全體國民年金制度。其後，自雇業者加入的國民年金成為全體國民的年金基礎並開始運用。民間企業的職員加入的厚生年金，以及公務人員加入的共濟年金形成追加模式。**就結構而言，國民年金在第一層，厚生年金和共濟年金在第二層，各家企業獨立營運的私有年金則歸入第三層及第四層。**

年金制度的結構

然而，**年金制度**絕非前途一片光明的營運狀態。不僅如此，隨著少子高齡化的狀況日益嚴重，一些巧妙靈活的修訂案也**無法規避制度本身的崩壞**。事實上，以前從60歲起就能給付年金。不過如今變成65歲才領的到，今後恐怕又有退休年齡延後之虞。

不公平持續蔓延的年金制度

經濟學⑦ 06 年金的給付年齡延長後衍生出的問題

原本到60歲就應該要給付的年金制度岌岌可危，這也讓退休年齡跟著延後了。今後恐會面臨更多困境。

2013年4月，厚生年金給付開始年齡的延後即為事件的開端。大多數的企業退休年齡是定為60歲。若依據現行**高年齡者僱用安定法**的規定，即使本人希望能夠繼續被僱用也不會被接受，恐怕有很多人將會面臨無年金及無收入的危機。為解決年金給付和僱用之間的隔閡，在這個急迫性危機下，政府推出了「高年齡者僱用安定法修訂版」。

打造60歲仍堅守工作崗位的社會

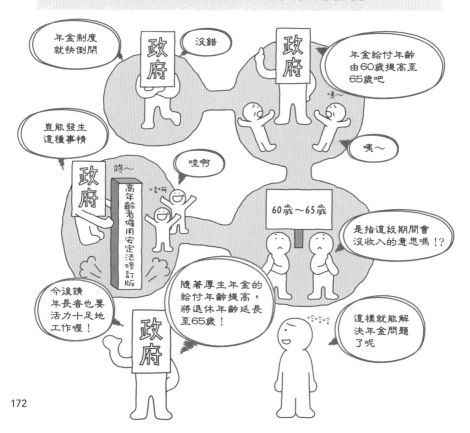

這項修訂案的主要目標在於讓65歲以上的員工也能被雇用。也就是說，這是為了擴大確保已屆齡退休的年長者能持續被雇用。如此的政策有意將不穩定的年金制度問題轉換成對年長者的僱用。對於違反義務之企業，根據規章，會處以公布公司名稱等等，也會另外處以罰則。但是在另一方面，也有出現**對於非正式員工的工作機會縮減的批評聲浪**。

隱藏於高年齡者僱用安定法的問題

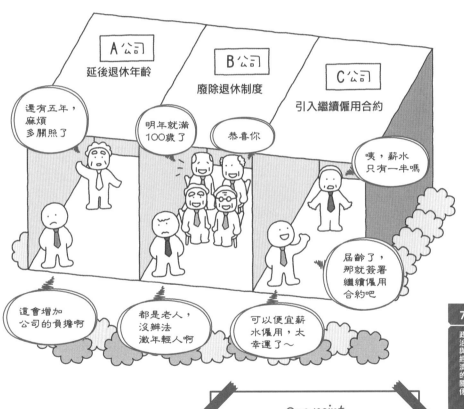

One point

根據日本《高年齡者僱用安定法》，企業對於「延後退休年齡」、「廢除退休制度」、「引入繼續僱用合約」之三項措施有擇一執行義務。

經濟學❼
07

政府的信賴度
是景氣佳的關鍵

不論是家庭還是企業，民間對政府抱持信任，才是促進經濟良好循環的
基礎。亦即對於政治的不信任感，是造成不景氣的元凶。

您知道政府為了使經濟政策能發揮作用的必須條件是什麼嗎？那就是民間的經
濟主體**信任政府的行動**。舉例來說，政府在景氣對策中推動擴張性財政及貨幣
政策。民間部門可能會認為這只是短期的政策，而且也未必是適當的執行時期
等等，因此對政府抱持著不信任感。無庸置疑地，無論是家庭的開支或企業的
投資都不會受到這個政策的刺激。

對於政府的信任為經濟原理的基礎

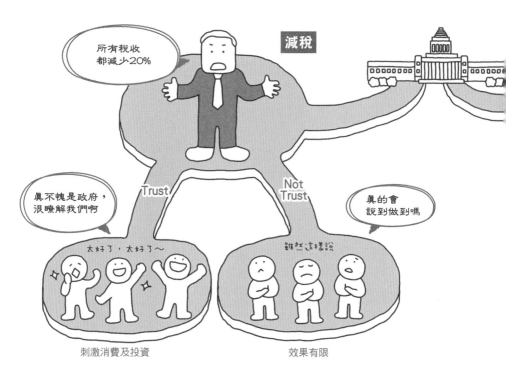

舉例來說，假使政府嘗試暫時減稅，而**民間部門可能會預測該減稅效果是有限的**，將來還是會實施增稅。重要的是，要讓民間部門對政府抱持著今後也會減稅的信任感。因此，政府有極力削減財政支出，並展現減稅為恆久性的必要。就結果而言，對於政治的信賴度為掌握市場景氣繁盛的關鍵所在。

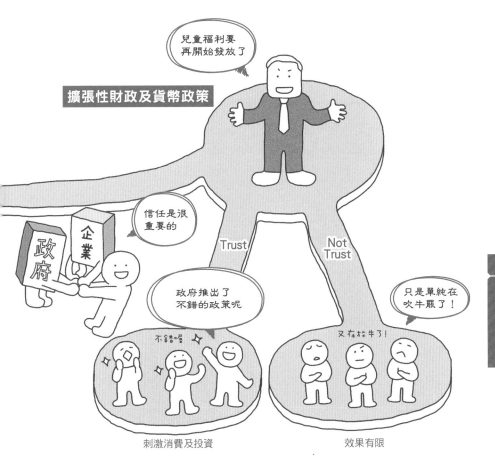

One point

政府不管祭出多少財政政策來刺激消費與投資，若民間對於政府沒有信任感，效果也是有限。

column no.07

「地下經濟」
也是一種市場經濟

　　在這世上，其實存在著兩種經濟體。一種是價格確定的正式經濟。還有一種是價格不確定的地下經濟。像是街上看到沒有營業執照的攤販，以及沒有營業執照的擦鞋匠等等都是屬於地下經濟的一員。

　　此外，在地下經濟體系中維生的人們可以逃稅，但也無法在依法規定之勞動基準及社會保障制度下受到保護。特別是開發中國家的地下經濟相當繁盛，為了消滅貧窮，當務之急是將這些勞動者遷移至正式經濟。

　　這是因為，稅金是用於基礎建設及學校建設等方面的完善化，若在地下經濟四處蔓延的開發中國家，可用於那些方面的財源就相當匱乏。而且，在無法受到法律制度庇護的環境中進行地下經濟的人們，因為薪資的差距未能得到改善，於是經常處於與貧困為伍的生活狀態中也實為現況。

最近形成話題的
行為經濟學是什麼？

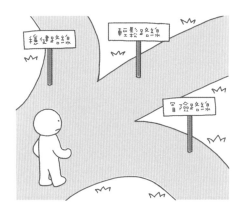

近年來經濟學的領域中，「行為經濟學」

（或稱行動經濟學）開始受到大家的注目。

現在我們就趕緊來邊看圖邊學理論吧！

經濟學⑧
01 行為經濟學 和心理學很相近

基於人們是以理性為前提，說明社會與經濟動向的科學就是經濟學，其中對此進行徹底分析的就是「行為經濟學」。

我們於日常生活中購物之際，為何會有「想買」那個東西的念頭呢？因為自己認為是需要的，且品質優良，設計也很出色、所以開始在網路上搜尋最便宜的物品——會進行決策，想必都有其理由。然而，人們並非只是忠於理性，也**會在不知不覺中，受到心情或環境、氣氛的影響，出現非理性的判斷和行為**。「**行為經濟學**」就是基於此見解，進而考察研究經濟面的學問領域。

乍看合理，但事實上並非理性的判斷

歡迎光臨

哇～好便宜！

材質真不錯啊

設計出色，顏色也很好看

雖然沒特別理由，就是想買這個

店裡有很多物品，但最後會選擇一個特定的商品。能印證該理由的就是行為經濟學。

經濟學原本是以人們的行為是理性的為前提而構築的理論。不過，**人們也存在著不理性的一面，如果不考量非理性就無法理解**，將非理性的部分也納入行為經濟學的思考，是促使經濟學更加延伸發展並有效改善的不可欠缺要素！

認同人類是沒有理性的「行為經濟學」

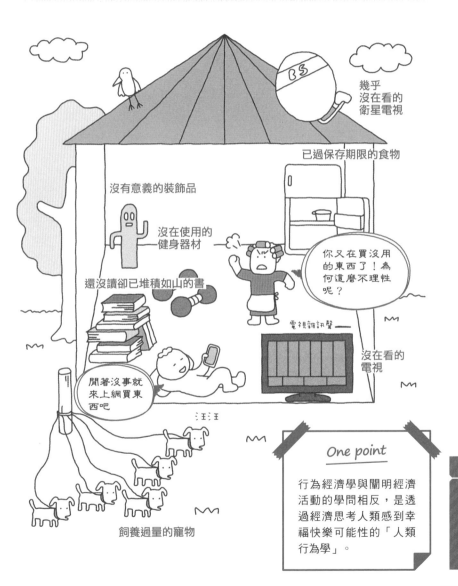

經濟學 ⑧ 02 2017年的諾貝爾經濟學獎有何厲害的地方？

行為經濟學是非理性的，也重視個人的選擇。於此基礎上建構更良好的
社會和經濟的「輕推理論」也受到矚目。

人人都有非理性的一面，此時就會希望個人的決策和行動，最好有他人來介入
吧。行為經濟學家對此陷入兩難的困境。那是因為大多數的經濟學家，都主張
保障個人選擇的自由是很重要的。這是基於民主主義社會下，為讓社會發展更
加健全，且更加成熟，都應尊重每位國民的價值標準和選擇基準的觀念。

守護個人選擇的自由為行為經濟學的理念

大多數的經濟學家對於個
人的決策，主張包括非理
性的部分在內，有必要給
予其選擇的自由。

2017年榮獲諾貝爾經濟學獎的行為經濟學家理查·塞勒所主張的「**輕推理論**」，是受到世人矚目的折衷理論。亦即「在保有個人自由選擇權下，提出各式各樣的選項時，**設法針對以那個人來說最為恰當的選項作出提醒**」。這是於選擇時在人的背後推一把的技術統稱，廣義來說就是操縱人心的理論。

「輕推理論」尊重個別意願也操縱人心

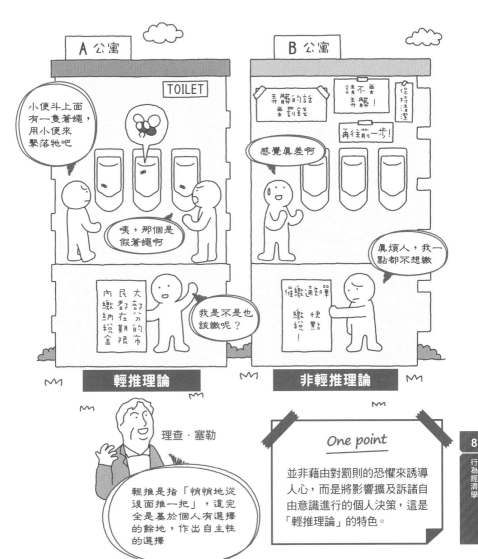

181

03 人們比較喜歡漸入佳境的方式

隨著時間的經過，滿意度有提高的傾向，「偏好上升」是存在於每個人心理層面的欲望傾向。鈴木一朗選手就將這個特性轉化成自己的強項。

行為經濟學中有個名詞為「**偏好上升**」，是指某特定事情連續發生時，**人們的喜好隨時間經過，滿意度也有提高傾向**的理論。這也是將心理因素應用於經濟學上的理論。人們覺得與其認為未來是不幸的，本能上會偏向幸福那一方才會比較安心。因此，若是想實踐偏好上升時，設定目標是重要的。

偏好等著自己的未來是越來越幸福的「偏好上升」

以日籍旅美大聯盟棒球選手鈴木一朗作為例子。通常打擊者的評價方式是以打擊率、打點、全壘打數來決定，但是他設定安打數作為目標。那是因為打擊率會隨著成績上下變動，**安打數則是加法計算的方式，越打越多時成績就會加總**。也就是說，安打數是實踐偏好上升的一個計算方式，能確實累計成績，這就是鈴木一朗選手的厲害之處。

鈴木一朗應用「偏好上升」實踐的成功哲學

One point

人們在感到吃虧時會比得到好處時更有感覺，因此會想要迴避。這就稱作「損失趨避法則」。

鈴木一朗選手不只是運用「偏好上升」也活用了「損失趨避法則」。

依提示的方式不同，印象也會截然不同

您知道原本應為相同意思，但由於表現方式不同，會產生不同印象的現象嗎？因為人們的思考和心理有時也會沒有邏輯性。

即使理論上為相同的內容，因為表現方式的不同而會使接收方有完全不同的印象，如此的現象，稱之為「**框架效應**」。例如，您生了一場大病，打算接受手術。主治醫師宣告「手術成功得救的機率是85%」，此時，大多數人會往安心的方向思考。但是，如果宣告「手術失敗死亡的機率是15%」您會怎麼想？

依描述方法不同，印象也天差地別的「框架效應」

框架效應的稱呼由來，其實是來自**問題應該設定在什麼樣的框架下來表現**的意思。從前例的說明可知以「得救」這個描述來表現，與以「死亡」這個描述來表現，聽者肯定有不同的印象吧。關於該理由，目前仍在研究中，即使情報訊息表現的內容相同，於作出決策時，對於人們心理仍發揮很大的作用。

經濟學 ⑧

05

人們只憑
明顯的特徵以一概全

扭曲商品價值本質的評價所引起麻煩的「光環效應」。然而其效果驚人，對於你的日常消費行為也會帶來極大的影響。

所謂「光環效應」就是行為經濟學中發生的現象之一。此外，這裡的「光環」是指繪畫中聖人或耶穌背後等描繪的光暈。也就是說，並非那人本身，而是他後方照映的閃耀光芒的影響，導致全體評價受到扭曲，也代表人們的一種心證。這個「**光環效應**」起源於學者愛德華・桑代克於1920年所著作的論文。

被容易引起注目的特徵所吸引即為「光環效應」

光芒四射

呵呵呵呵，
知道我的
厲害了吧？

其實只是
普通人罷了

啊～多麼
偉大的人啊

好厲害。

雖然不知他是何方
神聖，但看起來就
像神一樣的存在啊

好，好厲害

One point

當受到評價對象擁有顯著特徵的影響，本質上的認知會受到扭曲，這就叫作「光環效應」或稱作「成見效應」及「暈輪謬誤」。

光環效應常被廣為應用於行銷與宣傳上。例如，各位是否曾在住家附近的超市看過「村上先生種的毛豆」、「佐藤先生種的紅蘿蔔」等放入栽種蔬菜者的姓名和照片的商品呢？雖然並沒有特別保證商品的品質，只是因為**「看起來很認真」**和**「看起來很親切」**等先入為主的觀念，就判斷這蔬菜應該很好吃。

明明沒有保證品質，卻相信了

經濟學⑧ 06 就算出現損失也不想去改變的非理性行為

人會有深信自己是對的及討厭改變的心理，常會作出非理性的價值判斷和行動。

與光環效應相同，人們對於事物的評價，可能會因為自己錯誤的判斷而造成曲解，這就稱為稟賦效應。這是指對於自己持有的事物，比起客觀評價，會有更高佔的心理作用。不管是誰大概都會有一件珍藏的物品，假如有人提出「拿新品交換」，您會認為自己擁有的物品比較有價值，不會想放手。

購物時常見的稟賦效應應用

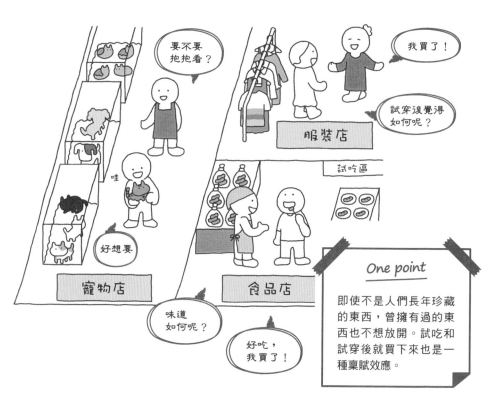

要不要抱抱看？

我買了！

試穿後覺得如何呢？

服裝店

試吃區

哇

好想要

寵物店

食品店

味道如何呢？

好吃，我買了！

One point

即使不是人們長年珍藏的東西，曾擁有過的東西也不想放開。試吃和試穿後就買下來也是一種稟賦效應。

與稟賦效應相近，還有「**維持現狀偏見**」這種理論。那是基於「**趨避巨大變化及未知的事物，想維持現狀**」的心理作用。例如，對於目前的工作感到不滿，但也遲遲不敢踏出另謀出路的第一步之類的狀況。考慮將失去目前的薪資和人脈，卻也因此迴避了可能會因新工作而得到的薪資及人脈等利益。

因維持現狀偏見而產生的非理性選擇

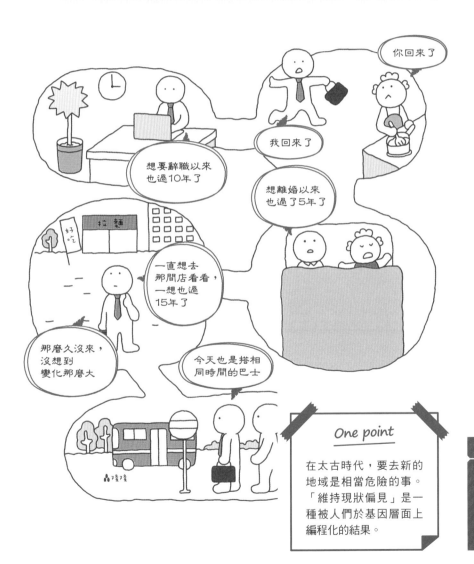

「誘餌效應」下

被操縱的決策

　　有個故事是這麼說的，在美國有個販賣廚房用具的廠商，推出領先全世界的革命型全自動麵包機。不過，消費者完全不予理會。因此，這個廠商擬定對策，先設法將麵包機送到消費者手裡。而這個策略就是再次新投入高端機種的全自動麵包機的生產。

　　順帶一提，這個高端機種比起最初機種還貴了約50%左右。只是因為原本的麵包機不受關注，就再持續投入高端機種的生產，實在無法讓人覺得是正確的選擇。不過結果來看，因為投入這個高端機種，也使低端機種的全自動麵包機大為熱賣。

　　事實上這個廠商將全自動麵包機這個單一商品當作商品群，也就是自行製造出競爭對手，營造從「買或不買」變成「買哪一個」的選項標的。這在行為經濟學中稱作「誘餌效應」。

参考文献

大学で履修する入門経済学が１日でつかめる本 絶対わかりやすい経済学の教科書
木暮太一 著（マトマ出版）

落ちこぼれでもわかるミクロ経済学の本 初心者のための入門書の入門
木暮太一 著（マトマ出版）

落ちこぼれでもわかるマクロ経済学の本 木暮太一 著（マトマ出版）

今までで一番やさしい経済の教科書［最新版］ 木暮太一 著（ダイヤモンド社）

１分間で経済学 経済に強い自分になる200のキーワード
ニーアル・キシテイニー 著 望月 衛 訳（ダイヤモンド社）

大学４年間の経済学が10時間でざっと学べる 井堀利宏 著（KADOKAWA 中経出版）

面白いほどよくわかる 最新 経済のしくみ 神樹兵輔 著（日本文芸社）

イラストでわかる 経済用語事典 水野俊哉 著（宝島社）

盛り合わせを選んだらお店のカモ！ 大人の経済学常識 トキオ・ナレッジ 著（宝島社）

PROFILE

木暮太一

作家、一般社團法人教育交流協會代表理事

於慶應義塾大學經濟系畢業後，前後任職於富士軟片、CyberAgent、瑞可利，之後獨立。他在說明能力、言語化能力等層面獲得了相當程度的評價，大學時自行撰寫經濟學解說書，於校內引爆話題熱潮，至今仍是經濟學系必讀的長銷作品。以立足於對方立場的傳達方式，廣獲各領域給予「唯有實務經驗者才能做到如此」的好評。現在專門以企業或團體為對象舉辦「說明力培訓講座」。曾擔任富士電視台「とくダネ！」的常駐班底時事評論員，並於NHK「新世代が解く!ニッポンのジレンマ」等諸多節目登場。著有『「自分の言葉」で人を動かす』、『カイジ「命より重い！」お金の話』等多部著作，累計銷售量達170萬本。

● 木暮太一的官方網站：http://koguretaichi.com/

TITLE

睡不著時可以看的經濟學

STAFF

出版	瑞昇文化事業股份有限公司
監修	木暮太一
譯者	童唯綺
總編輯	郭湘齡
文字編輯	徐承義　蕭妤秦　張聿雯
美術編輯	謝彥如　許菩真
排版	二次方數位設計　翁慧玲
製版	印研科技有限公司
印刷	桂林彩色印刷股份有限公司 紘億彩色印刷有限公司
法律顧問	立勤國際法律事務所　黃沛聲律師
戶名	瑞昇文化事業股份有限公司
劃撥帳號	19598343
地址	新北市中和區景平路464巷2弄1-4號
電話	(02)2945-3191
傳真	(02)2945-3190
網址	www.rising-books.com.tw
Mail	deepblue@rising-books.com.tw
本版日期	2020年6月
定價	380元

國家圖書館出版品預行編目資料

睡不著時可以看的經濟學 / 木暮太一
監修；童唯綺譯. -- 初版. -- 新北市：
瑞昇文化, 2020.05
192面；14.8X21公分
譯自：大学4年間の経済学見るだけノ
ート
ISBN 978-986-401-412-5(平裝)
1.經濟學
550　　109003857

國內著作權保障，請勿翻印 ／ 如有破損或裝訂錯誤請寄回更換

大学4年間の経済学見るだけノート
(DAIGAKU 4 NENKAN NO KEIZAIGAKU MIRUDAKE NOTE)
by 木暮太一
Copyright © 2018 by Taichi Kogure
Original Japanese edition published by Takarajimasha, Inc.
Chinese (in traditional character only) translation rights arranged with Takarajimasha, Inc. through CREEK & RIVER Co., Ltd., Japan
Chinese (in traditional character only) translation rights
© 2018 by Rising Books.